Learn French With Stories:

Improve your French reading and listening comprehension skills (audiobook)

Frédéric BIBARD (TalkinFrench.com)

Why This Book?

These French short stories are perfect for both **beginner and intermediate level French.**

It's **a painless way to improve your French vocabulary** and your confidence with reading and listening (audiobook version available at the end of this ebook).

No dictionary necessary : Each paragraph is broken down with a French to English Glossary. See example below:

See an example below:

*Très contente Mme Dubois court appeler ses enfants : « Erwan, Valentine, Isabelle. Venez vite nous avons une surprise pour vous ! » Les enfants, **au courant**, ne **cachèrent** pas leur joie, et rapidement un conseil de famille est **mis en place** pour choisir **le lieu** où la famille passera ses vacances.*

au courant	aware
cachèrent (cacher)	To hide
mis en place (mettre en place)	Took place
le lieu	place

Never forget the vocabulary again: Vocabulary recap at the end of each paragraph and at the end of the book.

Practice your writing: Try to make your own summary. Compare it with an example for each chapter;

Variety of situations: 7 stories about:

1. Travelling
2. Cooking
3. Shopping
4. Love
5. School
6. Restaurant, Birthday
7. Movie, relationship

Diverse Grammar structure and vocab: A good mix of dialogue and description. Improve your reading comprehension for newspaper articles, as well as French spoken in the street.

Practice your pronunciation and your listening with the free audiobook! (70+ minutes)

Contents

Histoire/ Story 1 : Les Dubois partent en vacances

En rentrant du travail. M. Dubois se demandait où il allait **emmener** sa famille en vacances. Les enfants ayant fini leurs **années scolaires**, et sa période de **congé toute proche**, M. Dubois voulait **faire plaisir** à **tout le monde** en les emmenant visiter un nouveau pays pour les vacances.

Emmener	drive/take
années scolaires	school years / academic years
congé	vacation /holiday
toute proche	approaching
faire plaisir à tout le monde	making everyone happy
tout le monde	everyone

Une fois à la maison, M. Dubois parle à sa femme de son projet de vacances : « Chérie, **j'ai vraiment envie** qu'on **aille à l'étranger** cette fois-ci pour les vacances. » Mme. Dubois lui répond : « Ah ! Ça c'est une bonne idée ! Mais pouvons- **nous nous permettre** des vacances à l'étranger ? ». Son mari la rassure et lui dit : « **Ne t'en fais pas** pour ça. **Nos économies** peuvent nous faire **le tour du monde** ».

j'ai vraiment envie	I really want
aille (aller)	to go
à l'étranger	abroad
nous permettre	allow us
Ne t'en fais pas	Don't worry about this
Nos économies	our finance
Faire le tour du monde	go around the world

Très contente Mme Dubois court appeler ses enfants : « Erwan, Valentine, Isabelle. Venez vite nous avons une surprise pour vous ! » Les enfants, **au courant**, ne **cachèrent** pas leur joie, et rapidement un **conseil de famille** est **mis en place** pour choisir **le lieu** où la famille passera ses vacances.

au courant	aware
cachèrent (cacher)	to hide
conseil de famille	family council
mis en place (mettre en place)	took place
le lieu	place

M. Dubois donne à tout le monde **le droit de proposer** sa destination préférée, lui et Mme Dubois avaient tous deux proposé le lieu où ils passèrent leur **lune de miel**, il y a des années de cela. Erwan ne tarda pas à montrer son refus : « Non ! Pas le Brésil. Ce n'est plus aussi **sûr** qu'à votre époque, de plus ce n'est pas la période du carnaval de Rio. Si ce n'est que pour aller à la plage **autant rester** en France ! » Et il continua son discours en proposant le Royaume-Uni ce qui lui **offrirait l'occasion** de revoir ses amis, qu'il avait **connu** lors d'un **échange scolaire**.

le droit	the right
de proposer	to suggest
lune de miel	honeymoon
sûr	safe
autant	as well (it is probably best)
rester	stay
offrirai (offrir)	to offer (in future)
l'occasion	the chance/ the opportunity

| avait connu | has been knowing |
| échange scolaire | student exchange |

Valentine, elle, **n'était pas de l'avis de** son frère et dit à ses parents : « Papa ! Maman ! Ne l'**écoutez** pas. Il ne pense qu'à lui. Il refuse le Brésil de vos **souvenirs** en préférant aller voir ses copains. Moi, je vous propose d'aller en Thaïlande : un **dépaysement** total à la rencontre d'une culture exotique tout en **profitant** du soleil. »

n'était pas de l'avis de	did not have the same opinion as of
l'écoutez (écoute)	listen to him
souvenirs	memories
dépaysement	change of scene
en profitant	while enjoying

Isabelle, qui vient **à peine de fêter** ses treize ans, approuve sa sœur pour le continent mais pas pour la destination : « Val ! T'as vraiment raison l'Asie c'est trop cool. Mais je préférerais aller au Japon. Y a tellement plus à voir **là-bas.** » M. Dubois se trouve dans une situation **peu réjouissante**. La famille n'arrive pas vraiment à se mettre d'accord sur la destination des vacances.

à peine de	barely / just turn (13 years)
fêter	to celebrate
là-bas	over there
peu réjouissante	bleak

« Nous pouvons **tirer** les destinations **au sort** (=tirer au sort) ! » déclare Erwan. Son père lui répond qu'ils ne peuvent pas laisser **le**

sort décider de leurs vacances. A ce moment-là, **une sage** idée **traverse l'esprit** de Mme Dubois et elle en parle à son mari : « Joël ! Pourquoi ne pas **prendre** les quatre destinations **en compte**?!

tirer au sort	draw (pick randomly)
sage	wise
traverse l'esprit	comes into the mind of
en compte (prendre en compte)	take into account / consider

— Tu veux qu'on **aille** visiter quatre pays ?!
— Mais bien sûr que non. Prenons un **ordinateur** et vérifions laquelle parmi les quatre destinations nous **convient** le mieux en terme d'argent, de conditions, et de loisirs.
— Très bonne idée Magalie. »

aille (aller)	to go
ordinateur	computer
convient (convenir)	to be suitable

Toute la famille **se presse en face de** l'ordinateur, et après quelque petites recherches il **s'avère que** la Thaïlande est le meilleur choix. « Va pour la Thaïlande ! » Annonce M. Dubois. Et il s'occupe de contacter une agence de voyage pour tout organiser.

se presse (se presser)	to hurry
en face de	in front of
s'avère que (s'avérer que)	to turn out

Dix jours plus tard, la famille Dubois, **prête à partir,** est en train de **charger** les derniers bagages dans la voiture : « Nous ne

déménageons pas Valentine ! Tu peux laisser quelques **affaires** à la maison.

prête à partir	ready to leave
charger	to load
en train de charger	in the middle of loading
déménageons(déménager)	to move out (house)
affaires	belongings

— Mais je prends le **strict nécessaire** Papa ! Dans un voyage comme celui-ci nous devons être **prêts** à n'importe quelle situation.

— Tu as sûrement raison. **Mais en quoi** une valise de **maillots de bain est- elle nécessaire ?** Deux ou trois te suffiront largement. Remets le reste dans ton armoire. Pas de **surplus inutile.**

— D'accord. »

strict nécessaire	essentials
prêts	ready
Mais en quoi	but in what/but for what
maillots de bain	swimsuits
est-elle nécessaire	is it needed
surplus	extra
inutile	useless

Tant bien que mal, M. Dubois **arrive à** mettre tout le monde et **l'ensemble** des bagages dans la voiture, et démarre pour l'aéroport.

Tant bien que mal	somehow
arrive à mettre	having success in putting /adjusting
l'ensemble	the whole of / all

Une fois à l'aéroport tout le monde **décharge** la voiture avant même que M. Dubois n'aille **garer** la voiture dans le parking de l'aéroport. Il propose à la famille de l'**attendre** devant le comptoir d'enregistrement. Un petit quart d'heure **plus tard,** le papa arrive et **s'occupe** des **préparatifs** du vol avec Erwan pendant que tout le reste de la famille **patiente.**

Une fois	once
à l'aéroport	at the airport
décharge (décharger)	unload
garer	to park
attendre	to wait
plus tard	later
s'occupe (s'occuper)	involves himself
préparatifs	preparations
patiente	wait patiently

Après une petite demi-heure d'attente, le message **d'embarquement** pour le **vol** Paris-Bangkok retentit, les Dubois se pressent d'aller **se présenter à** la salle d'embarquement puis vers l'avion. Et c'est ainsi que l'aventure Thaïlandaise de la famille Dubois commença.

Embarquement	departure

| vol | flight |
| se présenter à | to show up |

Douze heures après, les Dubois sont à Bangkok après avoir **tout réglé** avec les **douanes locales**. Ils sortent de l'aéroport où ils sont surpris par deux personnes **brandissant** un drapeau français et une **pancarte** avec Dubois écrit dessus. Isabelle **interpelle** ses parents en disant : « Qui sont ces gens ?! » Sa mère lui répond : « ton père **a tout prévu** depuis la maison. Ce sont très certainement nos guides. »

tout réglé	all set
douanes locales	Local customs
brandissant	brandish / wave
pancarte	sign
interpelle	shout out to
a tout prévu	provide everything

La famille se dirige vers les guides, et là, le premier, un Européen assez grand, de grands yeux clairs, et des cheveux noirs qui ne laissent pas indifférent Valentine, s'avance et se présente : « Bonjour les Dubois! Bienvenue en Thaïlande. Mon nom est Sébastien je serai l'un de vos guides. Je suis français et je vis en Thaïlande depuis un certain temps déjà. »

Le deuxième guide, une locale, s'avance à son tour et se présente : « Bienvenue à Bangkok. Je m'appelle Mani je suis Thaïlandaise. Je serai votre second guide. Vous passerez un très bon **séjour** avec nous. » Et les Dubois sont invités à monter dans un petit van garé juste **derrière** les guides qui les **mèneront** à leur hôtel.

| séjour | stay |

derrière	behind
les mènera à (mener à)	will lead them to

En chemin Sébastien **s'entretient** avec M. Dubois : « Vous voulez qu'on vous conduise vers l´un de nos hôtels partenaires ? Vous pouvez **avoir confiance**. Nous travaillons avec eux depuis longtemps et ce sont des gens très sérieux.

— Non je vous **remercie**. J'ai déjà réservé deux chambres à l'hôtel Hansar Bangkok.
— Très bon choix. C'est aussi un de nos partenaires. »

s'entretient	talk/having a conversation
avoir confiance	to trust
je vous remercie	to thank you

Arrivés à l'hôtel, Mani **s'occupe de** chercher **les clefs** des chambres des Dubois, pendant que Sébastien aide Erwan **à descendre** les bagages du van. Une fois dans l'hôtel la famille **s'étonne** de la **beauté** de l'hôtel. Pendant que Mani revient avec un **bagagiste** qui conduit les Dubois à leurs chambres, Mani et Sébastien doivent **prendre congé** laissant les Dubois **se reposer** de leur long trajet : « M. Dubois je vous ai laissé nos numéros **en cas de besoin**. Vous pouvez m'appeler depuis le téléphone de l'hôtel. Sinon **comme prévu** nous nous reverrons en soirée. » M. Dubois le remercie avant de rejoindre sa chambre.

s'occupe de	to take care of
les clefs	keys
à descendre	unload

s'étonne	to be surprised
beauté	beauty
bagagiste	porter
prendre congé	to leave
se reposer	to take a rest / to rest
en cas de besoin	if necessary
comme prévu	according to plan

La soirée arrivée et les Dubois remis de leur long voyage, Mani et Sébastien **reviennent** pour les emmener **dîner** et passer une **merveilleuse** première soirée à Bangkok.

Reviennent (revenir)	come back
Dîner	dinner
Merveilleuse	wonderful

« Bonsoir les Dubois. Alors **bien remis** ? » Lance Sébastien en arrivant. Erwan réplique avec un air étourdi: « Pas trop je sens que mon dos est **en compote**. » Le guide lui **sourit** et lui dit : « Le programme de ce soir vient au bon moment à ce que je vois ! Après le repas je vous ai réservé un massage thaï pour bien vous **détendre** après un aussi long voyage » Tout le monde **approuve** avec un grand enthousiasme.

bien remis	well recovered
étourdis	dazed
en compote	my back is killing me (mon dos est en compote) /sore back
sourit	smiled

détendre	to relax
approuve	agree with

Arrivée au restaurant de l'hôtel, Valentine demande à Sébastien si ce n'est pas **coûteux** de manger dans un restaurant aussi luxueux. Le guide lui répond que grâce au partenariat avec son agence de voyage, ils ont droit à certains **privilèges** sur les tarifs et qu'elle n'avait qu'à ouvrir le **dépliant** qu'il lui avait laissé plus tôt pour voir ces privilèges.

Coûteux	costly
Privilèges	advantage / benefit
Dépliant	leaflet / pamphlet

Très contente Valentine **commence à** réfléchir à la suite du voyage. Mani montre que la famille peut avoir un menu exotique et très **raffiné** pour seulement 20 € tout compris. Après un bon repas et un massage très relaxant la famille repart se reposer pour la nuit.

commence à	to start
raffiné	refined

Quelques jours plus tard et après avoir vu bon nombre d'endroits **incontournables** de la ville, la **gent féminine** de la famille veut aller **faire les magasins** tandis que ces messieurs préféreraient aller voir le palais royal de Bangkok. N'arrivant pas à se décider Sébastien et Mani **proposent** de se séparer ainsi chacun ira faire ce qu'il veut : l'équipe de Mani ira faire les magasins et l'équipe de Sébastien ira au palais royal. Les Dubois trouvent que c'est la meilleure des solutions.

Incontournables	unavoidable
gent féminine	womankind
faire les magasins	to shop
proposent (proposer)	to offer

Et c'est parti pour **une sortie** à Bangkok, l'équipe de Mani se dirige vers un **marché** très **réputé** chez les touristes avec des prix très **attrayants**. Valentine arrive devant un joli paréo qui irait avec un de ces maillots de bain, elle désire l'acheter. Elle attrape Mani pour faire la transaction : « Mani vous pouvez m'aider j'aimerais acheter ça.

Et c'est parti	here we go
une sortie	exit
marché	market
reputé	renowned
attrayants	attractive

— Oui bien sûr. Le vendeur dit qu'il est à 30 Bats. As-tu de la **devise** thaïlandaise sur toi ?
— Oui Papa m'en a donnée. Demande-lui si j'ai droit à une **réduction** si j'en prends deux ? Isabelle en veut un elle aussi.
— Il accepte de te vendre les deux à 50 Bats et c'est son dernier prix, **ça te convient** ?
— Oui ça me va. »

devise	currency
reduction	discount

| ça te convient | does it suit you ? |

Valentine, **aux anges** après quelques **achats,** dit à Mani qu'elle, sa sœur et sa maman voudraient bien manger quelque chose. Mani lui dit qu'ici il n y a que de la **nourriture saine**, délicieuse et pas chère. Les filles **acceptent de tenter** l'expérience, et se dirigent vers un vendeur **ambulant** qui vend des **grillades.**

aux anges (être aux anges)	to be in heaven
achats	purchase
nourriture saine	healthy food
acceptent de tenter	accept to attempt
ambulant	itinerant
grillades	food cook on a grill

De leur côté les hommes de la famille, eux, sont **en pleine** expérience culturelle avec un Sébastien très **connaisseur** de l'histoire des lieux. Erwan, quant à lui, est **ravi de l'affaire** qu'il a fait en achetant trois tickets pour le prix de deux. La visite du palais terminée, il reste beaucoup de temps aux Dubois. Ils décident de **se retrouver** et de faire des activités **ensemble**. L'après-midi ils vont faire des visites de temples et des achats de **souvenirs**.

en pleine	right in the middle
connoisseur	expert
ravi de l'affaire	delighted by the deals
se retrouver	to meet
ensemble	together
souvenirs	souvenirs

Le soir même Sébastien et Mani annoncent que leur temps à Bangkok est **terminé** et qu'ils doivent se préparer pour aller à Phuket pour **profiter de** la mer le lendemain. Valentine toute contente d'avoir l'occasion de mettre ses maillots de bain et son tout nouveau paréo pose une question à Sébastien : « Vous viendrez avec nous j'espère ? » Sébastien lui répond : « Oui évidemment nous serons vos guides **tout au long de** votre séjour.

terminé	completed
profiter de	make the most of, take advantage of de
tout au long de	throughout

— Ah ! Très bien **ça me rassure.** »

ça me rassure	it reassures me

Le lendemain, les Dubois sont attendus aux portes de leurs hôtels par leurs guides qui viennent les chercher avec le même van. Mme Dubois demande : « combien de temps durera le voyage, Mani ?

— Toute une journée Madame. Nous y allons en van comme ça vous pourrez voir un peu du pays. »

Le voyage commence et les paysages **défilent. Ces vues** merveilleuses depuis le van font **oublier** le long voyage aux Dubois qui apprécient le spectacle. Arrivée à Phuket, la famille est **conduite** dans un autre hôtel qui n'est pas **partenaire** de l'agence ce qui **supprime** les privilèges et les réductions qu'il y avait à Bangkok. Mais le personnel de cet hôtel est bien plus **accueillant** que celui du précédent, qui vient accueillir ses touristes à la porte.

La soirée se finit rapidement tout le monde pense plus à dormir qu'autre chose.

défilent	pass/scroll
ces vues	these views
oublier	forget
conduite	drived
partenaire	partner
supprime	suppressed
accueillant	welcoming

Le lendemain matin, la famille est surprise de voir que l'hôtel où ils sont **logés** possède un sauna et une piscine, et en plus est situé tout près de la plage ce qui laisse un choix **énorme en terme de divertissements.** La famille **s'amuse** énormément durant son séjour à Phuket, mais hélas tout à une fin et après quelques jours les Dubois **se dirigent** vers l'aéroport pour repartir en France. Le **cœur lourd** mais **riche en souvenirs** les Dubois disent au revoir à la Thaïlande.

logés	stay/ lodge
énorme	huge
en terme de	in terms of
divertissements.	entertainment
s'amuse	have fun
hélas	unfortunately
se dirigent	to direct
cœur lourd	heavy heart

riche en souvenirs   rich in memories

Vocabulary Recap 1 :

Emmener	drive/take
années scolaires	school years / academic years
congé	vacation /holiday
toute proche	approaching
faire plaisir à tout le monde	making everyone happy
tout le monde	everyone
j'ai vraiment envie	I really want
aille (aller)	to go
à l'étranger	abroad
nous permettre	allow us
Ne t'en fais pas	Don't worry about this
Nos économies	our finance
Faire le tour du monde	go around the world
au courant	aware
cachèrent (cacher)	to hide
conseil de famille	family council
mis en place (mettre en place)	took place
le lieu	place
le droit	the right
de proposer	to suggest
lune de miel	honeymoon
sûr	safe

autant	as well (it is probably best)
rester	stay
offrirai (offrir)	to offer (in future)
l'occasion	the chance/ the opportunity
avait connu	has been knowing
échange scolaire	student exchange
n'était pas de l'avis de	did not have the same opinion as of
l'écoutez (écoute)	listen to him
souvenirs	memories
dépaysement	change of scene
en profitant	while enjoying
à peine de	barely / just turn (13 years)
fêter	to celebrate
là-bas	over there
peu réjouissante	bleak
tirer au sort	draw (pick randomly)
sage	wise
traverse l'esprit	comes into the mind of
prendre en compte	take into account / consider
aille (aller)	to go
ordinateur	computer
convient (convenir)	to be suitable
se presse (se presser)	to hurry

en face de	in front of
s'avère que (s'avérer que)	to turn out
prête à partir	ready to leave
charger	to load
en train de charger	in the middle of loading
déménageons (déménager)	to move out (house)
affaires	belongings
strict nécessaire	essentials
prêts	ready
Mais en quoi	but in what/but for what
maillots de bain	swimsuits
est-elle nécessaire	is it needed
surplus	extra
inutile	useless
Tant bien que mal	somehow
arrive à mettre	having success in putting /adjusting
l'ensemble	the whole of / all
Une fois	once
à l'aéroport	at the airport
décharge (décharger)	unload
garer	to park
attendre	to wait
plus tard	later

s'occupe (s'occuper)	involves himself
préparatifs	preparations
patiente	wait patiently
Embarquement	departure
vol	flight
se présenter à	to show up
tout réglé	all set
douanes locales	Local customs
séjour	stay
derrière	behind
les mènera à (mener à)	will lead them to
s'entretient	talk/having a conversation
avoir confiance	to trust
je vous remercie	to thank you
s'occupe de	to take care of
les clefs	keys
à descendre	unload
s'étonne	to be surprised
beauté	beauty
bagagiste	porter
prendre congé	to leave
se reposer	to take a rest / to rest
en cas de besoin	if necessary
comme prévu	according to plan

Reviennent (revenir)	come back
Dîner	dinner
Merveilleuse	wonderful
bien remis	well recovered
étourdis	dazed
en compote my back is killing me	(mon dos est en compote) / sore back
sourit	smiled
détendre	to relax
approuve	agree with
Coûteux	costly
Privilèges	advantage / benefit
Dépliant	leaflet / pamphlet
commence à	to start
raffiné	refined
Incontournables	unavoidable
gent féminine	womankind
faire les magasins	to shop
proposent (proposer)	to offer
Et c'est parti	here we go
une sortie	exit
marché	market
reputér	renowned
attrayants	attractive

devise	currency
reduction	discount
ça te convient	does it suit you ?
aux anges (être aux anges)	to be in heaven
achats	purchase
nourriture saine	healthy food
acceptent de tenter	accept to attempt
ambulant	itinerant
grillades	food cook on a grill
en pleine	right in the middle
connoisseur	expert
ravi de l'affaire	delighted by the deals
se retrouver	to meet
ensemble	together
souvenirs	souvenirs
terminé	completed
profiter de	make the most of, take advantage of de
tout au long de	throughout
ça me rassure	it reassures me
défilent	pass/scroll
ces vues	these views
oublier	forget
conduite	drived

partenaire	partner
supprime	suppressed
accueillant	welcoming
logés	stay/ lodge
énorme	huge
en terme de	in terms of
divertissements.	entertainment
s'amuse	have fun
hélas	unfortunately
se dirigent	to direct
cœur lourd	heavy heart
riche en souvenirs	rich in memories

Practice your writing
Write a short summary of this story.

Sample.

Profitant de quelques semaines de congé et des vacances de ses enfants. M. Dubois décide de prendre toute sa famille à l'étranger pour les vacances. Il en parle à sa famille qui en est ravie. Monsieur et Madame Dubois proposent le pays de leur lune de miel comme destination. Leurs enfants Erwan, Valentine, et Isabelle, proposent une destination chacun, eux aussi. Après de longues discussions, et quelques comparaisons, c'est finalement la Thaïlande.

Dix jours se sont écoulés depuis le choix de la destination des vacances. Les Dubois chargent leurs voitures et partent pour l'aéroport. Ils passent à l'enregistrement. Ils embarquent et leur aventure Thaïlandaise commence.

Arrivée à Bangkok, la famille Dubois est surprise par deux guides qui sont venus les attendre : « Bonjour ! Nous sommes Sébastien, et Mani. Nous sommes vos guides. » M. Dubois ayant tout prévu, les guides sont venus les chercher et les emmener à leur hôtel.

La première soirée prévue est une soirée de relaxation. Les jours qui ont suivi, les Dubois ont bien visité la ville et ont vu tous les lieux emblématiques de Bangkok. Un beau matin les Dubois n'arrivant pas à se décider sur quoi faire. Les guides les séparent en deux équipes : Shopping pour les filles et visite du palais royal pour ces messieurs. Les filles font plein de bonnes affaires, alors qu'Erwan et son père découvrent la culture thaïlandaise. En fin de journée leurs guides annoncent aux Dubois que le lendemain ils quitteront Bangkok pour Phuket. Ils profiteront des plages du pays.

Les Dubois terminent leurs vacances avec beaucoup de bonheur avant que le moment pour repartir vers la France n'arrive. Les Dubois sont tristes. Ils **rembarquent** pour la France, mélancoliques, mais le cœur plein de souvenirs

Rembarquer   re-embark

Story 2 / Histoire 2 : Un nouveau lycée

Sa famille ayant **déménagé**, Robin n'avait pas le choix et devait changer de **lycée** à la **rentrée** pour un lycée plus **proche** de leur nouvelle maison, ce qui ne l'**enchantait** pas vraiment. Il **redoutait** beaucoup son premier jour dans ce tout nouveau lycée où il ne connaissait personne, premier jour qui ne **tarda** pas à venir.

déménagée	move house
lycée	secondary school, high school
rentrée	beginning of the school year
proche	close, near, nearby
enchantait (enchanter)	enchant
redoutait (redouter)	fear
tarda (tarder)	be late

Le matin de la rentrée Robin **traîne** dans son lit, **voulant à tout prix** retarder ce moment qu'il redoutait tant. Sa mère ne **cesse** de l'appeler pour qu'il **se dépêche** de **se préparer** pour venir prendre son petit déjeuner. **Tant bien que mal** Robin **parvient à** s'habiller et arrive dans la cuisine en demandant à ses parents :

traîne	dawdle
voulant à tout prix	desperate to
cesse	cease
se dépêche	to hurry
se preparer	get ready
Tant bien que mal	somehow
parvient à	succeed to

« C'est si **indispensable** que ça l'école ?! » Son père lui répond en souriant :

Ne t'en fais pas ! Ça va très bien se passer. Et tu te feras plein de nouveaux copains.

- Mais j'aurais voulu **rester** dans mon lycée.
- C'est impossible ! Nous avons un lycée dans notre nouveau **quartier**, et ton ancien lycée est trop loin. C'est plus **rassurant** de te savoir proche de la maison. »

indispensable	essential
rester	stay
quartier	district
rassurant	reassuring

Forcé d'accepter la situation, Robin **avale** rapidement son petit déjeuner, et s'en va pour l'école.

Arrivé au lycée, Robin se fait vite **remarquer** (se faire remarquer) par le surveillant, qui **s'approche** de lui et lui dit : « Que faites-vous ici ? Je ne vous ai jamais vu dans notre lycée. » Robin tout surpris de l'**accueil** lui répond rapidement :

« Bonjour ! Je m'appelle Robin Fournier. Je viens **d'être transféré.** J'arrive du Lycée Ronsard.

Ah ! Je vois. **Suivez**-moi. »

Avale (avaler)	to swallow
remarquer (se faire remarquer)	get noticed
s'approche (s'approcher)	get close
l'accueil	welcome / reception
d'être transféré	or to have transferred
Suivez (suivre)	follow

Robin se voit **conduit** par le surveillant dans les bureaux de l'administration où une dame plus souriante lui dit : « Bienvenue mon petit Robin ! J'espère que tu te **plairas** chez nous. Un transfert **au beau milieu de l'année** ce n'est jamais facile. Mais **rassure-toi** tout le monde sera gentil avec toi.

Conduire	bring/ take somewhere
te plairas (se plaire)	enjoy
au beau milieu de	right in the middle of
rassure toi	don't worry

– D'accord merci Madame.

– Tu es dans la classe de Mademoiselle. Martin. C'est ton **professeur principal**, elle **t'enseignera** la philosophie. Suis-moi. Je te conduis à ta **salle de classe**.

– D'accord merci beaucoup. »

professeur principal,	head teacher,
enseignera (enseigner)	teach
salle de classe	classroom

En chemin vers sa classe, Robin a l'occasion de visiter un peu **les lieux** : bibliothèque, cantine, club de science, club de musique, etc... Robin se dit qu'il y a plus **d'activités extra-scolaires** dans ce nouveau lycée.

En chemin	on the road/ way
les lieux	places
d'activités extra-scolaires	extra-curricular activity

Arrivée en face de la salle de classe, la dame **frappe** et ouvre la porte, **en s'adressant** au professeur qui faisait son cours:

Frappe (frapper)	knock (the door)
en s'adressant	addressing

« Excusez-moi ! Mlle Martin. Je vous amène un tout nouvel élève. Il s'appelle Robin Fournier. Je vous le **confie**.

– Oui ! Certainement. Bonjour Robin. **Installe-toi,** à coté de Sandrine **au fond**. »

Tout intimidé Robin va vite **prendre place** sans **prononcer** le **moindre mot**. Et le cours se **poursuit** normalement. A la fin de la leçon, Sandrine la voisine de Robin lui parle : « Salut ! Moi c'est Sandrine. Qu'est-ce qui t'amène dans notre lycée ?

– Mes parents ont acheté une maison un peu plus loin. Ils ont pensé que ça serait mieux que je vienne ici.

– D'accord ! Et tu te plais **dans le coin** ?

– Je viens d'arriver donc je n'ai pas **d'avis** trop précis pour le moment.

– Ok ! Le prochain cours c'est les maths. **Méfie-toi** du prof, il aime faire passer les nouveaux au **tableau** sans crier gare. »

confie (confier)	entrust
Installe-toi	settle-down
au fond	the bottom (of the class here)
prendre place	take place
prononcer	pronounce, deliver
moindre mot	any word

poursuit	pursue/ continue
dans le coin	in the neighborhood
d'avis	opinion
Méfie	distrust
tableau	board (blackboard)

La discussion de Robin et de Sandrine est **interrompue** par l'arrivée du professeur de mathématiques, qui **remarque** immédiatement la présence de Robin à qui il s'adresse aussitôt : « C'est vous le nouvel élève ? » Robin **se lève** et répond : « Oui Monsieur, Je m'appelle Robin Fournier.

Interrompue	interrupt
Remarque	notice
se lève	stand up

– Robin ! Êtes-vous arrivés aux **équations du 3ème degré** avec ton ancien professeur ?

– Oui !

– Parfait ! Tu dois avoir ton **bouquin** avec toi, ouvre-le à la page 45, puis passe au tableau me faire l'exercice numéro 11. »

équations du 3ème degré	equation from third degree
bouquin	book

Le jeune garçon tout **étonné** mais **très sûr de lui** se presse d'aller au tableau et **en moins de temps** qu'il ne faut pour le dire, l'exercice fut **résolu**. Le professeur tout réjoui dit : « Et bien ça nous change ! Enfin ! Nous avons quelqu'un de **doué** en math dans cette classe, qui plus est très poli. » Puis il s'adresse à Robin et lui demande : « As-tu une passion particulière pour les maths ?

étonné	amazed
très sûr de lui	confident
en moins de temps qu'il ne faut pour le dire	in no time
résolu (résoudre)	solved
doué	gifted

– Oui Monsieur, c'est l'une de mes **matières** préférées.

– Quelle **note** as-tu eue à ton dernier examen de maths ?

– J'ai eu un 17/20.

– Bravo ! Tu es sûrement très **studieux**, et très **attentif** en classe. Reprends ta place. »

matières	subject
note	grade
studieux	studious,
attentive	attentive / paying close attention

Robin s'exécute et une fois à sa place, sa camarade lui dit qu'il s'est **débrouillé comme un chef.** Elle lui demande s'il lui était possible de **réviser** avec lui, car le prof leur impose une **interrogation** surprise par semaine. Robin accepte de réviser avec sa nouvelle amie et lui propose de commencer dès aujourd'hui, les deux jeunes gens **se mettent d'accord** pour travailler chez Robin après l'école **le jour même.**

débrouillé comme un chef	resourcefulness like a boss
reviser	revise
interrogation surprise	pop-up quizz
se mettent d'accord	agree
le jour même	the same day

À la fin de la journée les deux nouveaux amis, qui ont bien **fait connaissance** sont ensemble à la maison des Fourniers. **Aussitôt** arrivé Robin veut se mettre au travail, ce qui n'est pas le cas de Sandrine qui lui dit qu'elle veut **d'abord** visiter la maison, et qu'ils venaient **à peine de** sortir du lycée. Robin accepte mais lui fait promettre de se mettre au travail juste après la visite, il lui dit qu'il faut être organisé pour avoir de bonnes notes.

fait connaissance	make acquaintance
Aussitôt	immediately
d'abord	firstly
à peine de	as soon as

La visite **terminée**, les parents de Robin **rentrent à la maison** et là Madame Fournier lui dit : « Je vois que tu t'es vite intégré à ton nouveau lycée. Qui est cette jolie fille ?

–   Elle s'appelle Sandrine. On est dans la même classe. On va travailler ensemble ce soir.

–   Très bien mon fils ! Bonjour Sandrine ! Faites comme chez vous. »

terminée	finished
rentrent à la maison	go back home

La jeune fille remercie Madame Fournier, et les deux lycéens **se retirent** pour travailler dans la chambre de Robin. Ils sortent leurs **cahiers**, leurs **stylos** et leurs bouquins. Ils passent leur **soirée** avec les maths.

se retirent	leave
cahiers	notebook
stylos	pen
soirée	evening

Le lendemain les deux amis **se revoient** au lycée. Sandrine **remercie** à nouveau Robin pour son aide et pour lui avoir tout **expliqué**. Robin lui dit qu'ils peuvent encore travailler ensemble quand elle le **souhaite**.

se revoient	see again
remercie	thank
expliqué.	explain
souhaite	hope/ wish

En classe Robin **dévoile l'étendue** de son intelligence et de ses **connaissances**, si bien que certains **éléments rebelles** commencent à être **jaloux** de lui. Mais bon il ne risque rien, ils sont un peu **zélés** mais pas du tout dangereux.

dévoilent l'étendue	reveal the extent
connaissances	knowledge
éléments rebelles	rebelious « element » (euphemism to say bad student)

jaloux	jealous
zélés	zeal

Le tout dernier cours de l'après-midi s'avère être les mathématiques. Le prof entre et **surprend** toute la classe avec une interrogation surprise. Sandrine toute **effrayée** demande à Robin:

surprend	surprise
effrayée	frighten

« Tu penses que ça ira avec ce qu'on a étudié hier ?

    –   Oui le prof a dit que ça portera sur ce qu'on a vu hier en cours, **ça tombe bien** c'est ce qu'on a vu chez moi. »

Détendue Sandrine prend **ses affaires** pour **l'interrogation**, le prof donne **les sujets** et l'interrogation commence. Une heure plus tard une autre élève s'occupe de **ramasser** les copies de ses camarades pour le prof.

a tombe bien	that's good
ses affaires	stuff
l'interrogation	quizz
les sujets	topics / theme
ramasser	pick

«Je vais **corriger** tout ça ce soir et vous aurez vos **notes** demain matin ! » dit le prof. Et la seconde journée de Robin dans son nouveau lycée s'achève.

corriger	correct
notes	marks / grade

Le matin de sa troisième journée dans sa nouvelle école, Robin est très attendu en classe, tout le monde est impatient de connaitre la note du petit nouveau. « Le prof de math arrive ! » dit un camarade à Robin. Une fois installé le prof **se met à appeler les** élèves **un par un** pour leur donner leurs copies. « Sandrine Morel ! Tu as beaucoup progressé. 13/20. » La jeune fille **saute de joie** et court chercher **sa copie.**

se met à (se mettre à)	to start
un par un	one by one
saute de joie	jumping for joy
sa copie	paper

En **revenant à sa place,** elle remercie Robin pour son aide. Quelques noms plus tard le prof arrive au dernier nom de la liste qui est celui de Robin étant nouveau : « Robin Fournier ! 18,5/20 ! Vous avez la meilleure note ! » Tout le monde est **en admiration** devant Robin, il remarque également que les trois **indisciplinés** de la classe le regardent **d'une drôle de façon,** mais **il n'y prête pas attention.**

revenant à sa place	back in her seats
en admiration	in admiration
Indisciplinés	unruly
d'une drôle de façon	a very funny way
il n'y prête pas attention.	he did not pay attention

Le **reste** de la journée se passe très bien pour Robin. Il se fait beaucoup de nouveaux amis, s'étant fait remarquer, tout le monde vient lui parler. Sandrine n'arrête pas de faire **les éloges** de Robin, et dit à tout le monde que c'est **grâce à** lui qu'elle **a obtenu** cette bonne note. Fabienne, Manon, Jaques, Julien, Samira, Amandine, Jean-Luc, Robin **ne sait plus où donner de la tête** il n'arrive pas **à retenir** tous les noms. La journée se termine par **une sortie** entre amis de la même classe, ils se décident à aller faire du karting en ville. « Cette sortie est l'occasion de **me changer les idées**. » se dit Robin.

Le reste	the rest
les éloges	the praise
grâce à	thanks to
a obtenue (obtenir)	obtain
ne sait plus où donner de la tête	do not know where to turn
retenir	catch
une sortie	an outing
me changer les idées	change my mind.

Au karting tout le monde **s'amuse**. Mais Robin qui n'est pas très **sportif** ne **s'en sort pas** du tout. « Finalement, t'es pas doué pour tout. Robin.» lui dit son nouvel ami Julien. Robin lui répond : « Ouais. Je ne suis pas très **manuel**. ». La soirée se termine bien et Robin rentre chez lui et au coin d'une **ruelle** il aperçoit trois de ses autres camarades. « Mais ce sont les trois mauvais éléments de la classe. » Se dit Robin. Il **presse le pas** et les évite pour ne pas **créer d'histoires**. Mais après les avoir **dépassés** de quelques mètres, il les entend l'appeler: « Robin ! Robin ! Robin ! ». Robin se retourne. Les trois **acolytes** s'avancent vers lui, il les attend en **s'attendant au pire**. Et une conversation **démarre** entre lui et ses trois camarades.

s'amuse	have fun
sportif	sportsperson
s'en sort	fared
manuel	manual.
une ruelle	a little street
presse le pas	hurry
créer d'histoires	create drama
dépassés	go past
acolytes	associate/ friends
s'attendant au pire	expect the worst
démarre	start

Il leur dit : « Oui ?!

– Salut. Robin tu ne nous **reconnais** pas ?! On est dans la même classe.

– Je vous ai reconnu. Mais je ne savais pas que c'était moi que vous attendiez.

– Si. Bon d'abord moi c'est Bastien et voilà Kamel et Corentin.

– Enchanté les amis. Vous avez besoin de quelque chose ?

– Ouais ! Sandrine a dit que tu l'avais aidée à avoir sa bonne note. **On est dans de beaux draps**. On n'arrive pas à **s'en sortir** au lycée, on ne comprend pas les **explications** des profs. Le surveillant nous a déjà **pris** en train de **tricher**. On a déjà été **suspendu** et on risque un **renvoi définitif**. Dis Robin, tu ne veux pas faire comme avec Sandrine et nous aider à avoir de bonnes notes. »

reconnais	recognize

On est dans de beaux draps	we are in a fine mess
s'en sortir	do well go
explications	explanation
pris	caught
tricher	cheat
suspend	suspended
renvoi definitive	firing definitive

Robin tout étonné pense qu'il a **tout à gagner** en les aidant, non seulement ils ne les aura pas contre lui, et en plus ils **s'amélioreront**, il réfléchit quelques secondes et leur dit : « Bon ! Je veux bien vous aider. Mais **mettez- vous en tête** qu'il va falloir **vous y mettre** dès demain, et que ça ne sera pas facile.

a tout à gagner	has everything to gain
s'amélioreront (s'améliorer)	to improve
mettez-vous en tête	put in your mind
vous y mettre (se mettre)	to start

–   Merci ! Merci infiniment! »

Quelques semaines **se sont écoulées** depuis l'arrivée de Robin à son nouveau lycée, son arrivée a bénéficié **à bon nombre** de ses camarades qui ont **changé du tout au tout**. Les examens approchent et **profitant** d'une autorisation du surveillant qui leur accorde une salle après les cours, Robin donne un coup de main à ses camarades en difficulté, et tout le monde fait de son mieux.

se sont écoulées	have passed
à bon nombre de	a good number of

changé du tout au tout	change completely
profitant	taking advantage of

Le jour des examens est finalement arrivé. Robin toujours **accolé** à Sandrine, se dirige vers la salle de cours. Tout le monde **s'acharne** à enlever le plus d'informations possible de leurs bouquins. Le professeur arrive et distribue les sujets d'examen. Le premier examen débute. Une petite semaine après, les résultats sont affichés et **pratiquement** tout le monde a réussi. Robin est **remercié** par toute sa classe, le petit bonhomme est devenu la **coqueluche** du lycée, lui qui redoutait tellement ce nouveau lycée, a complètement oublié ses **craintes**, et il a pu s'intégrer très rapidement.

Accolé	lump together
s'acharne	desperately attempt to
pratiquement	almost
remercié	to be thanked
la coqueluche	the idol
ces craintes	fears /doubts

Vocabulary Recap 2 :

déménagée	move house
lycée	secondary school, high school
rentrée	beginning of the school year
proche	close, near, nearby
enchantait (enchanter)	enchant
redoutait (redouter)	fear
tarda (tarder)	be late
traîne	dawdle
voulant à tout prix	desperate to
cesse	cease
se dépêche	to hurry
se preparer	get ready
Tant bien que mal	somehow
parvient à	succeed to
indispensable	essential
rester	stay
quartier	district
rassurant	reassuring
Avale (avaler)	to swallow
remarquer (se faire remarquer)	get noticed
s'approche (s'approcher)	get close
l'accueil	welcome / reception

d'être transféré	or to have transferred
Suivez (suivre)	follow
Conduire	bring/ take somewhere
te plairas (se plaire)	enjoy
au beau milieu de	right in the middle of
rassure toi	don't worry
professeur principal,	head teacher,
enseignera (enseigner)	teach
salle de classe	classroom
En chemin	on the road/ way
les lieux	places
d'activités extra-scolaires	extra-curricular activity
Frappe (frapper)	knock (the door)
en s'adressant	addressing
confie (confier)	entrust
Installe-toi	settle-down
au fond	the bottom (of the class here)
prendre place	take place
prononcer	pronounce, deliver
moindre mot	any word
poursuit	pursue/ continue
dans le coin	in the neighborhood
d'avis	opinion
Méfie	distrust

tableau	board (blackboard)
Interrompue	interrupt
Remarque	notice
se lève	stand up
équations du 3ème degree	equation from third degree
bouquin	book
étonné	amazed
très sûr de lui	confident
en moins de temps qu'il ne faut pour le dire	in no time
résolu (résoudre)	solved
doué	gifted
matières	subject
note	grade
studieux	studious,
attentive	attentive / paying close attention
débrouillé comme un chef	resourcefulness like a boss
reviser	revise
interrogation surprise	pop-up quizz
se mettent d'accord	agree
le jour même	the same day
fait connaissance	make acquaintance
Aussitôt	immediately
d'abord	firstly

à peine de	as soon as
terminée	finished
rentrent à la maison	go back home
se retirent	leave
cahiers	noteboo,
stylos	pen
soirée	evening
se revoient	see again
remercie	thank
expliqué.	explain
souhaite	hope/ wish
dévoilent l'étendue	reveal the extent
connaissances	knowledge
éléments rebelles	rebelious « element » (euphemism to say bad student)
jaloux	jealous
zélés	zeal
surprend	surprise
effrayée	frighten
ça tombe bien	that's good
ses affaires	stuff
l'interrogation	quizz
les sujets	topics / theme
ramasser	pick

corriger	correct
notes	marks / grade
se met à (se mettre à)	to start
un par un	one by one
saute de joie	jumping for joy
sa copie	paper
revenant à sa place	back in her seats
en admiration	in admiration
Indisciplinés	unruly
d'une drôle de façon	a very funny way
il n'y prête pas attention.	he did not pay attention
Le reste	the rest
les éloges	the praise
grâce à	thanks to
a obtenue (obtenir)	obtain
ne sait plus où donner de la tête	do not know where to turn
retenir	catch
une sortie	an outing
me changer les idées	change my mind.
s'amuse	have fun
sportif	sportsperson
s'en sort	fared
manuel	manual.

une ruelle	a little street
presse le pas	hurry
créer d'histoires	create drama
dépassés	go past
acolytes	associate/ friends
s'attendant au pire	expect the worst
démarre	start
reconnais	recognize
On est dans de beaux draps	we are in a fine mess
s'en sortir	do well go
explications	explanation
pris	busy
tricher	cheat
suspend	suspended
renvoi definitive	firing definitive
a tout à gagné	has everything to gain
s'amélioreront (s'améliorer)	to improve
mettez vous en tête	put in your mind
vous y mettre (se mettre)	to start
se sont écoulées	have passed
à bon nombre de	a good number of
changé du tout au tout	change completely
profitant	taking advantage of
Accolé	lump together

s'acharne	desperately attempt to
pratiquement	almost
remercié	to be thanked
la coqueluche	the idol
ces craintes	fears /doubts

Practice your writing now:

Write a short summary of this story.

Sample:

Après le déménagement de ses parents, Robin n'a pas le choix il doit changer de lycée. Il **appréhende** beaucoup ce nouveau lycée. Robin **traine des pieds**, mais il y va quand même.

Appréhende appréhender	dread
Traine des pieds	dawndle

Arrivée au lycée, une dame de l'administration lui fait visiter l'école avant de le conduire à sa classe où elle le présente à son professeur et ses camarades.

Un petit moment plus tard la voisine de table de Robin, Sandrine, **l'aborde** et discute avec lui. Elle le met en garde contre le prof de mathématique adepte d'interrogations surprises.

l'aborde	approach him

Tout juste arrivé le prof de math remarque Robin. Il lui pose des questions sur **l'avancement** des cours. Et il finit en lui demandant de passer au tableau pour résoudre un exercice. Robin **s'en sort** très bien. Son professeur et ses camarades sont tous étonnés. Il s'avère que les maths est l'une des matières préférées de Robin. Sandrine demande à Robin de l'aider à réviser, car Ils ne sont jamais à l'abri d'une interrogation surprise. Les nouveaux amis révisent ensemble chez Robin le soir même.

| avancement | progress |
| s'en sort (s'en sortir) | get through |

Le jour suivant, Le prof de math annonce une interrogation dès son entré en classe. Les deux amis travaillent bien et à la fin de l'examen le prof leur dit que les résultats seront donnés demain.

A la **remise des résultats.** Sandrine obtient une bonne note et Robin obtient la meilleure note. La note de Robin le rend très populaire parmi ses camarades. Le soir même les nouveaux amis passent la soirée ensemble. À la fin de cette soirée, Robin est même interpelée par des rebelles de sa classe qui lui demandent son aide.

| remise des résultats | presentation of results |

Et ainsi Robin qui redoutait beaucoup son lycée, s'y est parfaitement intégré et aide ses amis en difficulté à préparer leurs examens. Une semaine après les examens, les résultats sont affichés et pratiquement tout le monde a réussi. Robin devient très populaire.

Histoire / Story 3: Cuisiner pour le pique-nique

La famille Leclerc organise chaque année sa grande **réunion de famille**. Comme chaque année, la réunion se fait chez les grands-parents. Mais cette année la réunion ne fait pas **plaisir** à tout le monde. Laura, petite fille des Leclerc, **n'a pas très envie** d'y participé.

réunion de famille	family reunion
plaisir	pleasure / enjoyment
n'a pas très envie	did not really want

En effet cette année les grands parents organisent un pique-nique. Et qui dit pique-nique, dit chacun cuisine et apporte à manger avec lui. Laura qui n'aime pas cuisiner **ne sait pas comment faire** pour se **sauver de cette situation**. Elle ne peut pas **faire appel** à un **traiteur**. Sa **mamie** est trop bonne **cuisinière**, elle va savoir que ce n'est pas **fait maison**.

ne sais pas comment faire	don't know how do you do it?
sauver de cette situation	save this situation
faire appel	request
traiteur	caterer
mamie	Grandma
cuisinière	cook
fait maison	home-made

Même si Laura est trop mauvaise cuisinière, et qu'elle **est habituée** à **se nourrir uniquement** de **surgelés**, elle ne souhaite pas **rater l'occasion** de revoir toute sa famille. Elle **réfléchit** beaucoup mais ne trouve pas de solution.

est habitué	get used
se nourrir	feed
uniquement	only
surgelés	frozen food
rater l'occasion	miss the opportunity
réfléchit	think

La seule option est d'essayer quelques traiteurs, et de choisir **le meilleur**. **Profitant** de la pause, elle demande à une de ses collègues:

le meilleur	better
Profitant	taking advantage of

« Véronique ! Dites-moi. Vous ne connaissez pas un traiteur dont la cuisine semble fait maison.

— Non. **De nos jours** les traiteurs travaillent comme **à l'usine**. Ce n'est pas bon **du tout**. Pourquoi cherchez-vous un traiteur ? »

De nos jours	these days

| à l'usine | factory |
| du tout. | at all |

Laura raconte alors son histoire à sa collègue. Véronique **se met à rire** et dit à Laura :

« **Si ce n'est que ça.** Je vais vous aider.

- M'aider ?! Non je ne peux pas accepter. Mais c'est gentil à vous de proposer de cuisiner pour moi.

- Cuisiner pour vous ?! Je n'ai pas dit ça. Je vais vous apprendre à cuisiner.

- M'apprendre à cuisiner ?! J'ai déjà essayé d'apprendre. Mais je ne **retiens** pas ce qu'on me montre. A chaque fois que j'essaye de reproduire ce que j'ai vu, ça **brûle**.

- Justement je ne vais pas le faire **moi-même.** C'est vous qui allez cuisiner. Moi, je vais juste vous **apprendre**. Faite-moi confiance.

- D'accord.

- C'est pour quand votre réunion de famille ?

- Dimanche prochain.

- Parfait ! Je viendrai chez vous samedi après midi. Demain nous allons discuter de la préparation pique-nique. D'accord ?

- Oui. Merci beaucoup Véronique. »

se met à rire (se mettre à rire)	start to laugh
Si ce n'est que ça	If it is only this
M'apprendre	teach me
Retiens	remember

| Brûle | burn |
| moi-même | myself |

En fin de journée, Laura appelle sa mère pour lui demander ce qu'elle doit cuisiner pour le pique-nique : « Allô ! Maman ?

– Oui. Salut **mon cœur**. Ça va ?

– Oui ça va. Papa et toi vous allez bien ?

– Nous allons bien, merci ma fille.

– Maman. Dis-moi. Qu'est-ce que je dois préparer pour le pique-nique de samedi ?

– Depuis quand tu cuisines toi ?

– Depuis aujourd'hui. J'ai une surprise, et pas de traiteur! Cette fois, c'est moi qui fais tout.

– D'accord. Et bien ta mamie a dit qu'elle **s'occupait** du dessert et **le reste** est pour nous.

– Ok ! Merci Maman. Embrasse papa **de ma part**. À plus. »

mon cœur	my dear / my sweety
s'occupait	take care
le reste	the rest (remaining part)
de ma part	say hello for me

À peine a-t-elle **raccroché** avec sa mère que Laura appelle Véronique pour lui apprendre les détails qu'elle vient de recevoir de sa mère. Véronique dit à Laura **de compter sur** elle et qu'elles vont en discuter demain.

A peine	As soon as
Raccroché	hang (up)
de compter sur	count on

Le lendemain Véronique et Laura **se revoient** au travail :

revoient	see again

« Bonjour Laura ! Ça va aujourd'hui ?

–   Ça va merci. Et vous ?

–   Je vais bien aussi. Je vous ai apporté quelques **recettes** idéales pour un pique-nique. Nous les verrons à la pause.

–   Merci Véronique. A tout à l'heure. »

Recettes	recipe

Après une bonne matinée de travail, les deux collègues se retrouvent pour déjeuner. Et là, Véronique montre des recettes idéales pour un pique-nique :

« Pour un pique-nique le plus populaire reste le sandwich. Mais il vous faut innover. Que pensez-vous d'un **cake salé** ?

– Oui. **Ça m'a l'air parfait.** C'est aussi **pratique** pour manger.

– D'accord. Vous le voulez à quoi votre cake ?

– J'aime bien le **thon**.

– Ok ! Donc un cake au thon. Vous pensez quoi d'une salade en plus du cake ?

– Oui. Des petits plats pratiques.

– Vous avez une salade préférée ?

– Non pas vraiment. Mon papi aime beaucoup le **poisson**.

– D'accord alors une salade niçoise fera l'affaire.

– Super ! Je vais les **impressionner** avec ça.

– Je vous prépare **une liste de courses** pour tout ça. Vous les ferez samedi matin.

– Merci Véronique. »

cake salé	savoury loaf
Ça m'a l'air parfait	it looks like perfect
Pratique	practical
le thon.	tuna
poisson	fish
impressionner	impress
une liste de courses	grocery shopping list

Samedi est vite arrivé. Laura se lève très vite. Elle se prépare en quelques minutes et elle part faire les courses pour le **repas** du **lendemain**. Véronique arrivera vers 14h30. Ça laisse du temps à Laura pour faire ses courses.

le repas	meal
lendemain	next day

Laura n'est pas très **habituée** aux **produits frais**. Du supermarché, elle ne connaît que le rayon des surgelés. Elle a du mal à trouver les autres rayons. Mais elle **arrive tant bien que mal** à finir ses courses. En rentrant, elle souhaite déjeuner au restaurant. Elle part au restaurant du quartier. Elle y commande le **menu du jour,** qu'elle finit très rapidement. Véronique ne va pas tarder à arriver chez Laura.

habitué	get used
produits frais	fresh product
arrive tant bien que mal à finir	happens somehow to finish
menu du jour	today's special

À peine arrivée chez elle, Laura pose ses courses sur la table de la cuisine. Et là quelqu'un sonne à la porte. Elle **se dépêche** d'ouvrir. C'est Véronique :

« Salut Véronique ! Entrez.

–   Bonjour Laura. Vous avez un bel appartement et une **magnifique** cuisine.

– Oui mais elle ne sert pas beaucoup.

– Je vois ça. Vos **ustensiles** sont encore tout neufs. Vous avez fait les courses.

– Oui. Elles sont sur la table.

– Ok ! On commence tout de suite ?

– Non pas tout de suite. Vous boirez bien quelque chose ?

– Oui. Je veux bien un petit café.

– Tout de suite. »

se dépêche	to hurry
magnifique	wonderful / magnificent
Vos ustensiles	utensil

Une fois le café terminé, Véronique et Laura vont à la cuisine. Elles mettent des **tabliers**. Puis Véronique **déballe** les **courses**. Tout y est, c'est bon. Elle dit à Laura :

« **Tenez,** lavez les **légumes.** » Laura **lave** les légumes pendant que Véronique finit de préparer le reste des aliments.

des tabliers	apron
déballe	unpack
les courses	grocery shopping
Tenez	here it is
Lavez	wash
Les légumes	végétables

Véronique dit que le cake prendrait plus de temps pour être **prêt**, le cake est donc logiquement le premier qu'elle **attaquerait**:

Prêt	ready
Attaqueraient (attaquer)	start /tackle a task

«Alors pour le cake il nous faut. De la **farine**, de la **levure**, du thon, des olives, du **gruyère râpé**, du lait, des œufs, des olives, un **tout petit peu** d'huile, du poivre et du sel **bien entendu**.

- Quelles quantités?
- 200 grammes de thon, 100 grammes de farine, la même quantité de fromage, 50 grammes d'olives, 3 œufs, un demi-sachet de levure, 10 centilitres d'huile, et 10 cl de lait. Prenez tous les ingrédients sauf le thon, les olives et le fromage. Mélangez- les.
- D'accord. Jusque-là c'est **facile**.
- Très bien. Allez-y. **Mélangez** bien le tout. Maintenant ajoutez les olives, le gruyère et le thon.
- Ok !
- A présent. Il nous faut un moule. Où sont les vôtres ?
- Là-haut dans le placard.
- D'accord. **Huilez** un peu **l'intérieur** du **moule**. **Versez** la **pâte** dans le moule. Mettez dans le **four** à 180°C et laissez le **cuire** dans les 40 à 45 minutes. Vous voyez que ce n'est pas difficile de cuisiner ?
- Oui. Quand on est **encadré**. C'est plus simple. »

De la farine	flour
de la levure	yeast
du gruyère rapé	grinded (Swiss) cheese
tout petit peu	a little bit of
bien entendu.	of course
Mélangez	mix

Facile	easy
Huilez	lubricate
l'intérieur	inside
moule	mould / mold
Versez	pour
Pâte	dough
Four	oven
Cuire	cook
Encadré	supervise / lead

Le cake cuit tout **doucement** dans le four, pendant que Véronique et Laura préparent les ingrédients pour la salade niçoise :

Doucement	gently

« Pour une salade, il nous faut du poisson. J'ai vu que vous avez bien fait les courses. Il y a du thon et des **anchois**.

- Oui. Nous aimons beaucoup cette salade dans notre famille.
- Vous avez bon goût dans votre famille.
- Merci.
- Pour commencer cette salade, mettez les œufs à bouillir. Et en attendant qu'ils cuisent, vous **découperez** les autres ingrédients.
- Ok ! Chef.
- Comme c'est pour un pique-nique. C'est plus pratique de tout **découper en petits morceaux**. Vous avez déjà lavé les légumes. Apportez-les.
- Les voilà.

- Découpez les poivrons, les oignons, et les tomates en petits dés. **Émiettez** le thon, et coupez la **laitue** en très **fines lanières.**
- D'accord.
- Maintenant les œufs doivent être cuits. **Enlevez-les** du **feu, épluchez-les,** et **découpez-les** en **rondelles.** Pour les anchois. J'ai vu que vous en avez acheté beaucoup. Coupez-les en deux simplement ça fera joli.
- Oui. Cette salade est riche en couleur.
- Prenez un grand saladier. Mettez-y tous les ingrédients avec les olives noires, mais pas encore les œufs. Mélangez bien tout ça. À votre avis il ne **manque** pas quelque chose à notre salade ?
- Non. Elle est déjà bien pleine. Je ne vois pas ce qu'il pourrait manquer.
- Mais si, il manque quelque chose. Il manque la sauce.
- Ah ! Oui ! Je l'ai oublié celle-là.
- Pour faire la sauce de la salade niçoise il nous faut de l'huile d'olive. Je vous en ai apporté.
- Merci Véronique. C'est très gentil de votre part.
- Je vous en prie. Versez un peu d'huile dans un **bol.** Ajoutez-y du **vinaigre,** du sel, du poivre, et de la moutarde. **Mélangez-le tout.** Et voilà que votre sauce est prête.
- Ajoutez-là à votre salade. Mélangez encore un peu. Mettez les œufs en rondelles sur le haut. Et voilà c'est prêt. »

anchois.	anchovy
découperez	cut out
en petits morceaux.	into small pieces
découperez en petit morceaux	chop
Émiettez	crumble
la laitue	lettuce

fines	thin
lanières	lash
Enlevez-les (enlever)	remove- it
Feu	fire
Epluchez (éplucher)	peel
découpez-les	cut out
rondelles	slice
Manque	lack
Bol	bowl
Vinaigre	vinegar
Mélangez le tout	mix it all

Laura se rend compte qu'il peut être très simple de cuisiner. Véronique rappelle à Laura qu'elle a un cake dans le four. Laura court le **sortir**. Il est enfin prêt :

Sortir	go out

« Il sent si bon ! Merci véronique. C'est grâce à vous que j'ai pu faire tout ça.

—   Ne me remerciez pas. Maintenant vous n'avez plus besoin de traiteur. Et ne mangez plus de surgelés ! »

Véronique ne tarde pas chez Laura. Elle **prend congé** très vite après avoir aidé Laura à **faire la vaisselle**. Après avoir raccompagné Véronique, Laura court prendre son téléphone. Elle appelle sa mère et lui annonce que demain elle apportera plein de bonnes choses à manger. « J'espère que ça sera **mangeable** !

- Mais bien sûr. Je me suis **bien appliqué.**
- D'accord. Je ne demande qu'à goûter moi. »

prend congé	leave
faire la vaisselle	wash the dishes
mangeable	edible
bien appliqué.	well diligent

Le jour du pique-nique est enfin arrivé. Laura part très tôt chez ses grands- parents. Elle y est partie tellement tôt qu'elle est la première arrivée. C'est sa grand-mère qui lui ouvre la porte :

« Bonjour mamie !

- Oh ! Bonjour ma petite tu arrives bien tôt. Entre ma chérie.
- Papi n'est pas là ?
- Si. Il est dans le jardin. Il prépare les lieux.
- D'accord j'irai le voir plus tard. Mamie ! Regarde ce que j'ai cuisiné pour le pique-nique.
- Tu as cuisiné ? Et non pas ton copain le traiteur ?!
- Non c'est bien moi. J'ai pris des cours et voilà.
- Bravo ma petite. Qu'as-tu donc préparé?
- Un cake au thon et une salade niçoise.
- Tout ça?! Bravo tu es un grand chef maintenant. Viens dans la cuisine, fais-moi **goûter** tout ça.
- D'accord. »

Très vite dans la cuisine, Laura fait goûter ses plats à sa grand-mère, qui adore. Toute contente elle court appeler le grand-père de Laura, qui arrive très vite. « Qu'est-ce qui se passe ? Ah ! Laura tu es déjà arrivée ?

– Oui elle est arrivée et elle a cuisiné des **merveilles**. Goûte-moi ça. »

goûter	taste

Le grand père goûte et il apprécie énormément. Il dit à sa petite fille : « Tu nous as bien caché ce talent ! » Laura lui répond : « Je n'ai pas de talent. J'ai simplement eu un bon prof. »

La grand-mère de Laura lui signale que son cake est trop petit. Il ne **suffira** pas à tout le monde. Laura propose d'en faire un autre avant que les autres n'arrivent.

suffira	be enough

Heureusement la grand-mère de Laura a toujours son **réfrigérateur** et ses **placards** bien remplis. Laura trouve facilement tous les ingrédients. Elle reprend les mêmes **étapes** toutes seules. Les **gestes** appris la **veille** avec Véronique sont **reproduits**, et en une heure. Un deuxième cake sort du four. Les invités étant arrivés, ont maintenant une preuve que c'est bien Laura qui a cuisiné ce qu'elle a apportée.

réfrigérateur	fridge
placards	cupboard
étapes	steps
gestes	movement / action
la veille	the day before,
reproduits	reproduce

Le pique-nique peut enfin commencer.

Vocab recap 3:

réunion de famille	family reunion
plaisir	pleasure / enjoyment
n'a pas très envie	did not really want
ne sais pas	don't know
comment faire	How do you do it?
sauver de cette situation	save this situation
faire appel	request
traiteur	caterer
mamie	Grandma
cuisinière	cook
fait maison	home-made
est habitué	get used
se nourrir	feed
uniquement	only
surgelés	frozen food
rater l'occasion	miss the opportunity
réfléchit	think
le meilleur	better
Profitant	taking advantage of
De nos jours	these days
à l'usine	factory
du tout.	at all
se met à rire (se mettre à rire)	start to laugh
Si ce n'est que ça	If it is only this

M'apprendre	teach me
Retiens	remember
Brûle	burn
moi-même	myself
mon cœur	my dear / my sweety
s'occupait	take care
le reste	the rest (remaining part)
de ma part	say hello for me
A peine	As soon as
Raccroché	hang (up)
de compter sur	count on
revoient	see again
Recettes	recipe
cake salé	savoury loaf
Ça m'a l'air parfait	it looks perfect
Pratique	practical
le thon.	tuna
poisson	fish
impressionner	impress
une liste de courses	grocery shopping list
le repas	meal
habitué	get used
produits frais	fresh product
arrive tant bien que mal à finir	happens somehow to finish
menu du jour	today's special
se dépêche	to hurry

magnifique	wonderful / magnificent
Vos ustensiles	utensil
des tabliers	apron
déballe	unpack
les courses	grocery shopping
Tenez	here it is,
Lavez	wash
Les légumes	végétables
Prêt	ready
Attaqueraient (attaquer)	start / tackle a tast
De la farine	flour
de la levure	yeast
du gruyère rape	grinded (Swiss) cheese
tout petit peu	a little bit of
bien entendu.	of course
Mélangez	mix
Facile	easy
Huilez	lubricate
l'intérieur	inside
moule	mould / mold
Versez	pour
Pâte	dough
Four	oven
Cuire	cook

Encadré	supervise / lead
Doucement	gently
anchois.	anchovy
découperez	cut out
en petits morceaux.	into small pieces
découperez en petit morceaux	chop
Émiettez	crumble
la laitue	lettuce
fines	thin
lanières	lash
Enlevez-les (enlever)	removeit
Feu	fire
Epluchez (éplucher)	peel
découpez-les	cut out
rondelles	washer
Manqué	lack
Bol	bowl
Vinaigre	vinegar
Mélangez le tout	mix le all washer
Rondelles	slice
Sortir	go out
prend conge	leave
faire la vaisselle	wash the dishes
mangeable	edible

bien appliqué.	well diligent
goûter	taste
(faire) des merveilles	wonders
suffira	be enough
réfrigérateur	fridge
placards	cupboard
étapes	steps
gestes	movement / action
la veille	the day before,
reproduits	reproduce

Practice your writing:

Write a short summary of this story.

Sample:

Laura est invitée à une réunion de famille chez ses grands-parents. La grand-mère de Laura a prévu un pique-nique, et chacun doit cuisiner. Laura **est dans de beaux draps**. Elle, qui ne sait pas cuisiner, ne trouve pas de solution à son problème.

est dans de beaux draps	to be in a fine mess

Au travail, Laura demande à sa collègue Véronique si elle connaît un bon traiteur. Curieuse, Véronique lui demande pourquoi. Laura lui raconte son histoire. Véronique propose à Laura un coup de main, mais celui-ci sera un cours de cuisine.

Elles se mettent d'accord pour faire un cake au thon, et une salade niçoise. Le rendez-vous est fixé pour la veille du jour du pique-nique.

Le jour du rendez-vous est là. Laura part faire les courses. Elle met du temps mais Laura arrive à trouver tout ce qu'il lui faut pour préparer le cake au thon et la salade niçoise.

A peine Laura rentrée chez elle, Véronique arrive. Elles ne tardent pas à se mettre au travail.

Véronique guide Laura **d'une façon digne** des meilleurs professeurs. Elles préparent et mettent à cuire au four le cake au thon, avant de passer à la salade niçoise.

une façon digne	in a dignified way

Laura suit les instructions de véronique, découpe les ingrédients... Elle prépare la sauce et fait une magnifique salade. En fin de journée elle remercie Véronique qui rentre chez elle.

Le jour du pique-nique est enfin arrivé. Laura part très tôt chez ses grands parents. À peine arrivée elle fait goûter ses plats à ses grands- parents qui sont fiers de la cuisine de leur petite fille. La grand-mère de Laura lui dit qu'un seul cake ne suffit pas à tout le monde. Laura propose d'en faire un autre **sur le champ**. Et c'est ainsi qu'avec une grande confiance Laura reproduit les mêmes gestes de la veille et cuisine un second cake au thon. Elle a réussit et prouvé ses talents en cuisine. Et le pique-nique peut enfin commencer.

sur le champ	right away

Histoire /Story 4 : Un samedi à faire des emplettes :

Héloïse et Sophie, amies de **longue date**, passent toutes les deux la soirée ensemble. Les deux **copines s'amusent comme au bon vieux temps**. Le mariage du frère de Sophie **approche à grand pas**. Les jeunes femmes discutent de leurs projets pour ce grand jour :

de longues date	Old friends
copines	friends
s'amusent	have good time
comme au bon vieux temps	Like the good old days
approche à grand pas	Fast approaching

« Sophie ! Que vas-tu **porter** à la cérémonie ?
- Je ne sais pas encore. Surtout qu'il me faut une autre **tenue** pour la **fête**.
- Deux tenues ?! Mais tu peux porter la même robe pour les deux.
- Non ! Mon François ne se marie qu'une fois dans sa vie. Il faut **faire honneur** à ça. J'ai pensé à un joli **tailleur** pour la cérémonie à la **mairie** et une petite robe pour après. Tu en penses quoi ?
- Oui. C'est une bonne idée. Tu as déjà achetée tes tenues ?
- Non. **Ça te dit** d'aller faire les boutiques samedi prochain ?
- Ouais. **Ça serait sympa**. Comme ça je pourrai aussi m'acheter de quoi me mettre pour ce **fameux** mariage. »

porter	wear
tenue	Dress
fête	Celebration
faire honneur	to honour
tailleur	women's suit
mairie	City hall
Ça te dit	How does that sound ?
Ça serait sympa	It would be nice
Fameux	Famous

Le week-end d'après, comme prévu, Héloïse **frappe** à la porte de Sophie. Elle l'attend depuis un bon moment : « C'est maintenant que tu arrives ? »

Héloïse répond avec un petit sourire : « Pardon. J'ai **croisé** Myriam, et on a discuté un petit peu.
- Tu aurais pu faire plus vite que ça. Allez ! On y va.
- Ok **Patron** ! »

Frappe	Knocked on
Croisé	Crossed /meet
Patron	Boss

Une fois dehors Sophie **prévient** Héloïse, qu'il faut d'abord qu'elles aillent au supermarché. Comme elle était chez ses parents, Sophie n'avait pas fait de course cette semaine. Et c'est ainsi que les deux amies vont au supermarché.

Prévient	Inform

Arrivées au supermarché les filles prennent un **caddie**. Elles entrent au magasin. Héloïse demande à Sophie si elle a prévu de quoi acheter, Sophie lui dit qu'elle a préparé une liste de courses. Tout d'abord Sophie veut aller au **rayon boulangerie**, car il ne lui restait plus de pain. Au rayon boulangerie le vendeur s'adresse aux filles :

Caddie	Shopping cart
rayon boulangerie	Bakery department

« Bonjour Mesdemoiselles. **Que désirez-vous** ?
- Bonjour Monsieur. Donnez-moi deux **baguettes traditions**, et un petit pain de campagne.
- Tout de suite Mademoiselle. Tenez voila votre pain et votre ticket vous payerez à la **caisse** en partant du magasin.
- Merci Monsieur. Au revoir. »

Que désirez-vous ?	What do you want ?
baguettes tradition	Traditional baguette
caisse	Checkout

Après le pain Héloïse et Sophie se dirigent vers **le rayon fruits et légumes.** Arrivée au rayon, Héloïse demande :

« Qu'est-ce qu'il te **faut** maintenant ?
- 1 kilo de pommes de terre, 500 grammes de tomates, 500 grammes d'oignons, quelques **poivrons** de différentes couleurs, 300 grammes de carottes, 200 de **courgettes**, 1/2 **chou**, une **barquette** de **fraises**, et une de **framboises**. »

Les fruits et légumes **empaquetés** dans le caddie, Sophie dit a sa copine :

« La prochaine étape c'est le rayon **boucherie** et **boisson**. » Les deux jeunes femmes finissent leurs courses et elles vont à la caisse pour **régler leurs achats.**

le rayon fruits et légumes	Fruit and vegetable department
faut	Need
poivrons	Pepper
courgettes	Zucchini
chou	Cabbage
barquette	Container
fraises	Strawberries
framboises	Raspberry
empaquetés	Wrapped
boucherie	Butcher
boisson	Beverage
régler leurs achats	Pay for their purchases

Sophie présente ses courses à la **caissière** pendant qu'Héloïse **se charge** d'aller ranger le caddie à sa place.

« Vous voulez payer par **carte** ou en **espèces** ? » Demande la caissière.
Sophie demande à son tour : « C'est combien pour **le tout** ?
- Ça fait 42€ Mademoiselle.
- Très bien, en espèces alors. J'ai aussi **un bon de réduction** pour les jus de fruits.
- D'accord. Donnez-moi le tout. Vous voulez **un ticket de caisse** ?
- Non merci. **Ce n'est pas la peine.**
- Comme vous voulez. Voici votre **monnaie**, à bientôt.

- Au revoir Madame. »

caissière	Cashier
se charge	To take care
carte	Card
espèces	Cash
le tout	All
un bon de réduction	Reduction coupon
un ticket de caisse	Checkout receipt
Ce n'est pas la peine	That is not necessary
Monnaie	Change

Sophie retrouve Héloïse à la sortie du supermarché à qui elle dit : « Je vais aller déposer mes courses chez moi. Tu veux m'attendre ou venir avec moi ? Héloïse répond :
« Je vais te **devancer** à la station. Je vais t'attendre là-bas.
- Ok ! À tout de suite. »

Sophie court **déposer** ses courses chez elle, alors qu'Héloïse part la première à la station de métro. Une dizaine de minutes plus tard elles se retrouvent et prennent le métro pour aller en ville.

Devancer	Be ahead of
Deposer	Drop off

Une fois en ville, Sophie décide d'aller acheter le tailleur qu'elle portera à la mairie le jour du mariage de son frère. Héloïse ne tarde pas **à remarquer** un magasin qui fait un **rabais** de 20% sur ses tailleurs. « **Ce n'est pourtant pas** la période des **soldes** ! » dit Sophie « **Peu importe** ! On y va » lui dit sa copine. Le magasin a énormément de choix et à des prix **très abordables.** Sophie est attirée par un beau tailleur beige parfait pour un mariage. Elle **se presse** de demander au vendeur de lui en donner un à sa **taille** pour qu'elle l'essaye. Le tailleur **va comme un gant** à Sophie, qui décide de le prendre sans même en connaître le prix. « Est-il soldé lui aussi » demande Héloïse « Oui ! » Réponds le vendeur. La transaction est rapidement faite. Les filles quittent le premier magasin.

à remarquer	To notice
un rabais	Discount
Ce n'est pourtant pas	That is not, however,
des soldes	Sales
Peu importe	What ever
très abordables	Very affordable
se presse	Rush
taille	Size
va comme un gant	It fits perfectly well

À présent, elles partent chercher des robes dans leur magasin habituel. À peine arrivées, elles courent voir la vendeuse. Elles lui demandent de lui montrer les tout derniers modèles arrivés. Robe après robe Sophie et Héloïse s'emparent des cabines d'essayage. Les filles mettent du temps à se décider. Finalement, elles se mettent d'accord sur deux robes rouges presque identiques. Elles seront les stars de la fête avec ces robes. Étant des habituées du magasin, les filles bénéficient de certains privilèges. Comme les deux robes sont chères, les vendeurs laissent les filles acheter les robes à crédit. Néanmoins les filles préfèrent payer la moitié du prix à l'achat et l'autre moitié quelques semaines plus tard.

A present	Now
A peine arrivéees	Just there
s'emparent	Seized
cabines d'essayage	Changing /fitting rooms
les stars	The stars (celebrity)
des habituées	Regular customer
chères	Expensive
à crédit	By credit
la moitié du prix à l'achat	Half the total price
l'autre moitié	The other half

Après l'achat des robes, les filles vont au magasin de chaussures pour dépenser plus d'euros. Les filles se mettent à essayer paire après paire. Elles n'arrivent toujours pas à se décider. Au final aucune des paires de la boutique ne leur convient. Elles décident donc d'aller voir dans un autre magasin un peu plus loin. Les choses sont bien différentes dans ce deuxième magasin. Toutes les paires **plaisent** aux filles et elles ont de nouveau du mal à choisir.

Là, **une idée traverse l'esprit** d'Héloïse qui ne la garda pas pour elle longtemps :

chaussures	Shoes
conviennent	Suitable to
plaisent	Suited
une idée traverse l'esprit	One idea come to the mind

« Sophie. Et si on mettait nos robes ? C'est plus simple pour voir quelle paire de chaussures convient.
-    Bonne idée ! **Allons-y**. »

Allons-y	Let's go

Les filles trouvent le moyen de mettre les vêtements qu'elles ont acheté plus tôt, et se mettent à essayer les chaussures du magasin. Après une heure, les filles choisissent finalement des paires qui leur vont bien. Elles finissent par quitter le magasin avec deux nouvelles paires de chaussures. Après **deux bonnes heures** passées **à débattre** de chaussures, Sophie et Héloïse s'accordent une pause déjeuner dans un petit restaurant du centre ville. **A table,** un serveur vient apporter les menus aux deux amis, qui parlent de la suite du programme de leur journée à faire les boutiques : « Qu'est-ce que tu veux acheter de plus Sophie ?

deux bonnes heures	Two good hours
à débattre	to discuss
A table	On the table

– Je veux m'offrir quelques **bijoux** pour **mettre en valeur** mes nouveaux vêtements. Et toi ?

– Et bien… Déjà pas de bijoux pour moi. Mais je veux bien que tu m'aides à choisir un cadeau de mariage pour ton frère.

– Mais non. Tu n'as pas besoin de lui faire de cadeau tu fais partie de la famille.

– Si. Je ne peux pas me permettre de ne pas faire de cadeaux de mariage au frère de ma meilleure amie quand même.

– D'accord. Fais comme tu veux. Moi je vais lui offrir une **toile** de lui et de sa chérie. Je l'ai faite faire par un artiste **à partir** d'une de leurs photos.

– Oh ! Quel beau cadeau. **Je suis impatiente** de voir ce que tu m'offriras le jour de mon mariage.

– Trouve-toi un amoureux après on verra !

– **Plus facile à dire qu'à faire** ! »

Bijoux	Jewellery
mettre en valeur	Highlight
une toile	Canvas
à partir	from
Je suis impatiente	I can't wait
Plus facile à dire qu'à faire	Easier said than done

Les deux amies **sont coupées** par le serveur qui revient chercher leur commande. « Qu'avez-vous choisi ?

– **Avec tout ça**. Nous n'avons même pas lu le menu.

– Vous voulez que je repasse plus tard ?

– Non. Merci. Apportez-moi **la spécialité du chef**, la même chose pour mon amie, et une bouteille de vin avec tout ça.

– C'est noté ! »

sont coupés	Are interupted
Avec tout ça	With all of this
la spécialité du chef	Chef's special

Et le serveur repart. Un petit moment plus tard il revient avec la commande de Sophie et d'Héloïse. Les filles dégustent leur repas en passant un bon moment. Une fois le repas terminé Sophie voulant faire plaisir à sa copine, **paye la note** du restaurant. Et les filles repartent chercher d'autres **bonnes affaires**.

paye la note	Pay the bill
bonnes affaires	Good deals

En route Héloïse demande à Sophie s´il y a une **bijouterie** où elle veut faire ses achats. Sophie répond que non et lui demande si elle en connaît une bonne. C'est alors qu'Héloïse lui parle de la bijouterie de son oncle, qui se trouve à quelques **centaines** de mètres de là où elles sont. Sophie dit à son amie : « Mais oui ! Ton oncle est **bijoutier**. Il a de belles choses ?

bijouterie	jewelry store
centaines	Hundred
bijoutier	jeweler (jeweller)

- Je ne peux pas te répondre. Ça fait bien longtemps que je ne suis plus allée dans son magasin. Mais vu tous les bijoux que porte ma tante. Je pense pouvoir te dire qu'il a de jolies choses.
- Allons voir ça. Ça ne nous coûte rien d'aller voir.
- D'accord. Suis-moi c'est par là. »

Sophie suit son amie qui la mène à la boutique de son oncle, qui est bien content de revoir sa nièce : « En voila une surprise ! Ça doit faire plus de cinq ans que tu n'as pas **montré le bout de ton nez** ici.

- Salut **Tonton**. Comment vas-tu ?
- Moi je vais bien merci. Et toi qu´est-ce qui **t'amène par ici** ?
- Je te présente mon amie Sophie. Tu dois te **souvenir** d'elle. Elle souhaite s'offrir quelques bijoux pour le mariage de son frère.
- Mais oui bien sûr la petite Sophie. Tu as **beaucoup grandi** ma fille. Attendez-moi un instant les filles je vais vous chercher mes meilleures pièces. »

montré le bout de ton nez	To show up
Tonton	Uncle
t'amène par ici	Bring's you here
souvenir	Remember
beaucoup grandi	Grown so much

Et le vieux monsieur se retire pour chercher ses merveilles. « Il est toujours aussi gentil ton oncle. Et sa boutique est très belle » dit Sophie à Héloïse. Le vieux bijoutier revient **les bras chargés** de boîtes, qu'il pose sur le **comptoir** avant de les ouvrir. Sophie est immédiatement attirée par un petit **collier** en or avec un charmant **pendentif serti** de **pierres** blanches. Elle demande au bijoutier si elle peut l'essayer. Le bijoutier accepte et le lui met. Elle court se regarder dans un miroir, et elle le trouve magnifique sur elle. Elle demande au bijoutier :

merveilles	Wonders
les bras chargés	Full hands
comptoir	Counter
collier	Necklace
pendentif	Pendant
serti	Set
pierres	Stone

« Combien coûte t-il ?
- Il est gratuit !
- Comment ?!
- Et bien il coûte 0€. Je vous l'offre.
- Mais je ne peux pas accepter c'est sûrement trop cher.
- J'insiste prenez-le comme un cadeau pour le mariage de votre frère. Il faut bien fêter la visite de ma nièce et de la petite Sophie.
- Merci Monsieur. Merci infiniment. »

Toute contente Sophie quitte le magasin toujours accompagnée de sa meilleure amie, qu'elle **ne cesse** de remercier. Héloïse la **somme** d'arrêter ses remerciements et de se concentrer sur une idée pour le cadeau de mariage. Sophie lui dit : « Prends-lui une chemise. Il sera content.

ne cesse de	Keep
somme (sommer)	summon

- Non je veux quelque chose qu'il puisse utiliser avec sa femme, comme **une parure de lit**. T'en penses quoi ?

- C'est une bonne idée. Il y a une **grande surface** pas très loin d'ici. On y va ?
- D'accord. »

une parure de lit	Bed linen
grande surface	Supermarket

Les deux amies vont à la grande surface. Et ne tardent pas à trouver la **section réservée** au **linge de maison.** « Je ne veux pas quelque chose de trop simple. » Avoue Héloïse « Tu penses quoi du marron là-bas ? C'est la couleur préférée de François.

section réservée	Section
linge de maison	Household linen

- Elle est jolie. Allons la voir de plus près. Ouais elle est pas mal, et il a tout ce qu'il faut. Tu penses que les mariés aimeront ?
- J'en suis certaine prends-la.
- Ok ! Allons la payer et la faire **emballer.** »

emballer	Pack

Le cadeau emballé et payé, les filles quittent le magasin, et la journée de shopping se termine pour les deux amies qui repartent à la station de métro pour rentrer chez elles les bras chargés de paquets.

Vocab Recap 4 :

de longues date	Old friends
copines	Friends
s'amusent	have good time
comme au bon vieux temps	Like the good old days
approche à grand pas	Fast approaching
porter	Wear
tenue	Dress
fête	Celebration
faire honneur	to honour
tailleur	women's suit
mairie	City hall
Ça te dit	How does that sound?
Ça serait sympa	It would be nice
Fameux	Famous
Frappe	Knocked on
Croisé	Crossed /meet
Patron	Boss
Prévient	Inform
Caddie	Shopping cart
rayon boulangerie	Bakery department
Que désirez-vous ?	What do you want ?
baguettes tradition	Traditional baguette
caisse	Checkout
le rayon fruits et légumes	Fruit and vegetable department
faut	Need
poivrons	Pepper
courgettes	Zucchini
chou	Cabbage
barquette	Container
fraises	Strawberries
framboises	Raspberry
empaquetés	Wrapped
boucherie	Butcher
boisson	Beverage
régler leurs achats	Pay for their purchases

caissière	Cashier
se charge	To take care
carte	Card
espèces	Cash
le tout	All
un bon de réduction	Discount coupon/voucher
un ticket de caisse	Checkout receipt
Ce n'est pas la peine	That is not necessary
Monnaie	Change
Devancer	Be ahead of
Deposer	Drop off
à remarquer	To notice
un rabais	Discount
Ce n'est pourtant pas	That is not, however,
des soldes	Sales
Peu importe	Whatever
très abordables	Very affordable
se presse	Rush
taille	Size
va comme un gant	It fits perfectly
A present	Now
A peine arrivéees	Just there
s'emparent	Seized
cabines d'essayage	Changing / fitting rooms
les stars	The stars (celebrity)
des habituées	Regular customer
chères	Expensive
à crédit	By credit
la moitié du prix à l'achat	Half price
l'autre moitié	The other half
chaussures	Shoes
conviennent	Suitable to
plaisent	Suited
une idée traverse l'esprit	One idea come to the mind
Allons-y	Let's go
deux bonnes heures	Two good hours
à débattre	to discuss
A table	On the table

Bijoux	Jewellery
mettre en valeur	Highlight
une toile	Canvas
artiste à partir	Artist
Je suis impatiente	I can't wait
Plus facile à dire qu'à faire	Easier said than done
sont coupés	Are cut
Avec tout ça	With all of this
la spécialité du chef	Chef's special
paye la note	Pay the bill
bonnes affaires	Good deals
bijouterie	jewellery
centaines	Hundred
montré le bout de ton nez	To show up
Tonton	Uncle
t'amène par ici	Brings you here
souvenir	Remember
beaucoup grandi	Grown so much
merveilles	Wonders
comptoir	Counter
collier	Necklace
pendentif	Pendant
serti	Set
pierres	Stone
ne cesse de	Keep
la somme	Order her
une parure de lit	Bed linen
grande surface	Supermarket
section réservée	Section
linge de maison	Household linen
emballer	Pack

Practice your writing now:
Write a short summary of this story.

Sample:

Lors d'une soirée, Sophie et Héloïse discutent quoi mettre pour le mariage du frère de Sophie. Sophie dit à son amie qu'elle doit s'acheter deux tenues, et qu'elles doivent aller faire les magasins.

Le weekend qui a suivi, les deux amies se revoient. Avant d'aller faire les magasins. Sophie veut passer au supermarché pour y faire quelques courses. Une liste à la main les filles finissent leurs courses assez vite et repartent.

Sophie et Héloïse prennent le métro pour aller en ville. Une fois en ville les deux amies ne tardent pas à trouver de bonnes affaires : Tailleur avec 20 % de réduction, robes achetées à crédits, belles chaussures assorties. Les filles dévalisent les boutiques et dépensent beaucoup d'euros.

Elles s'accordent une pause pour le déjeuner avant de pouvoir reprendre leur shopping.

Après le repas, Héloïse conduit Sophie qui voulait un bijou chez son oncle bijoutier. Arrivées chez le vieux bijoutier, les filles sont très bien accueillies.

L'oncle d'Héloïse **se plie en quatre pour** ces deux visiteuses au point d'offrir un beau collier en or à Sophie qui refuse au début, mais qui finit par l'accepter.

se plie en quatre pour	bends over backwards to

La journée se poursuit par l'achat d'un cadeau de mariage de la part d'Héloïse. Après quelques hésitations elle choisit de lui acheter une parure de lit.
Sophie propose d'aller dans une grande surface en acheter une. Héloïse choisit son cadeau, elle le fait emballer, elle le paye et les filles repartent.
La journée shopping s'achève pour les filles qui repartent chacune avec pleins de paquets.

Histoire / Story 5 : L'amour sauveur

« Je serai toujours à tes **côtés** ! » « Je t'aimerai pour toujours !» « Tu es l'amour de ma vie ! » Ces phrases **reviennent à l'esprit** d'Arnaud, elles lui ont toutes été dites par son ancienne petite amie.

Côtés	To your side
reviennent à l'esprit	Just have remembered

Voilà maintenant cinq ans que son amour a **perdu la vie** dans un terrible **accident de la route**. Même après cinq ans de séparation Arnaud n'a jamais cessé de l'aimer. **Négligeant** sa vie sociale, Arnaud vit dans le souvenir des **belles années,** qu'il a passé avec l'amour de sa vie.

perdu la vie	Is dead
accident de la route	road accident
Négligeant	Neglecting
belles années	Golden years

Hormis sa famille et son ami **intime** Olivier, Arnaud ne voit plus personne. Sa vie est un **cercle réduit** entre son travail et chez lui. Olivier ne ménage pas ses efforts pour sortir son ami de ce **malheureux état : Rendez-vous arrangés**, thérapies, **sorties forcées**... **Mais rien n'y fait**. Le sourire d'Arnaud semble être disparu pour toujours.

Hormis	Except for
Intime	Close friend

cercle réduit	Reduced circle
malheureux état	Unfortunate state
Rendez-vous arrangés	Arranged meeting
sorties forcées	Forced trip
mais rien n'y fait	But it won't change anything

Un autre samedi soir, Olivier va chez Arnaud pour essayer de le faire **sortir de sa bulle.** Arrivé chez Arnaud, Olivier y trouve Lisa, la petite sœur d'Arnaud. Elle aussi se donne beaucoup de mal pour aider son frère. Assis sans rien faire comme à son habitude, Arnaud **ne prête pas** beaucoup attention à ses visiteurs. Lisa s'occupe d'accueillir Olivier :

sortir de sa bulle	become widespread
ne prête pas	does not pay attention

« Bonsoir Olivier. Comment vas-tu ?

- Ça va merci. Et toi ça va ?
- Oui ça va. La semaine était un peu longue mais bon j'y suis habituée.
- Comment va-t-il ?
- **Toujours au même point.** »

Olivier se dirige vers son ami en lui disant : « Coucou Arnaud ! Alors ? **La forme ?**

Toujours au même point.	Still in the same place
La forme ?	Are you Ok ?

- Salut Olivier ! **Ça peut aller**. Et toi ?
- Ça va super. Alors prêt à passer une bonne soirée ?
- Encore un plan pour me traîner dehors de force ?
- Tout à fait **mon cher**. T'es prêt ?
- Je suppose que je n'ai pas le choix. **Sinon** Lisa et toi vous allez me **harceler** toute la soirée.
- Ah ! Tu vois ? Tu peux être malin quand tu veux bien. Lisa, tu te prépares on y va ? »

On fait aller	Could be better
mon cher	My dear
Sinon	Otherwise
Harceler	To harass

Tout de suite après, tout le monde prend sa **veste**, et ils se retrouvent dehors, là Arnaud demande à Olivier :

« Où est-ce qu'on va ? J'espère que tu ne vas pas m'emmener dans un endroit trop **bruyant**.

- Non je t'emmène dans un endroit très spécial.
- Ah bon ! Où ça ?!
- C'est une surprise ! »

En effet pour aider **efficacement** son meilleur ami, Olivier a prévu quelque chose de radical, quelque chose à laquelle personne **ne s'attend**. Après un petit **trajet** en voiture, Olivier s'arrête et demande à tout le monde de descendre. « Nous y voila ! » Annonce Olivier. « Où sommes-nous ?! » demande Arnaud. « Regarde en face ! » Lui répond Olivier. « **Orphelinat** st. Joseph ! Qu'est-ce qu'on va faire ici ?

Veste	Jacket
Bruyant	Noisy
Efficacement	Efficiently
ne s'attend	No one except
trajet	Ride
Orphelinat	Orphanage

– Lisa tu peux aller chercher les sacs qu'il y a dans le **coffre** ?

- Oui !   Nous sommes ici ce soir pour du **bénévolat**. Une nouvelle amie à moi m'en a parlé, elle travaille ici. Je me suis dit que ça serait mieux de passer la soirée à aider les autres plutôt que d'aller **s'amuser** entre nous.
- Olivier ! Qu'as- tu **derrière la tête** ? Je te connais depuis toujours et faire de bonnes actions ne te ressemble pas.
- Ah ! Tu me **vexes** en disant ça ! C'est juste que mon amie, Louise avait besoin **d'un coup de main**. En plus ça me permet de te sortir de ton appartement. J'ai apporté quelques **jouets** ça fera plaisir aux enfants. Allons-y. »

Coffre	Trunk

Bénévolat	Charity work
s'amuser	To have fun
derrière la tête	In your mind
vexes	Offend
d'un coup de main	Help
jouets	Toys

Arnaud n'ayant pas trop le choix, **s'exécute**. Une fois à l'intérieur de l'orphelinat, les enfants courent **accueillir** les visiteurs venus les voir. Lisa s'abaisse pour leur parler : « Bonsoir les enfants ! On a plein de jouets et de **friandises** pour vous. On espère que vous aimez bien ça. » Les enfants aux anges font un **vacarme** énorme.

s'exécute	perform
accueillir	Welcome
friandises	Candy
vacarme	Racket

Et là, Louise, l'amie d'Olivier, court voir ce qui se passe : « Qu'est-ce qu'il y a les enfants ? Pourquoi vous faites autant de bruit ? » Et les trois visiteurs **lèvent** leurs têtes pour **apercevoir** une magnifique jeune femme, elle avait de longs cheveux **raides** d'un **brun profond**, de grands yeux **noisettes** claires et **lumineux**, elle était mince et grande comme il le fallait. Elle avait un style vestimentaire simple et portait un beau **tablier** rose.

lèvent	Raise

apercevoir	Notice
raides	Strong
brun profond	Deep brown
noisette	Hazelnut
lumineux	Bright
tablier	Apron

En voyant qui était venu, Louise **affiche** un grand sourire qui en **ajoute beaucoup** à son charme. Elle avance vers ses visiteurs et leur dit :

affiche	Displayed
qui en ajoute beaucoup	Bring a lot of

« Bonsoir tout le monde. Comment allez-vous ? Ce sont tes amis, Olivier ?

- Salut Louise. Oui ce sont mes amis. Voila Arnaud, et elle c'est sa petite sœur Lisa.
- Enchanté les amis. Bienvenue à St. Joseph. »

La jeune femme, **se met à faire visiter** les lieux aux trois visiteurs. Là Arnaud interpelle Olivier en lui **chuchotant** : « Je comprends maintenant d'où te vient cette **soudaine** envie de faire de bonnes actions ! Ton but c'est de charmer la belle Louise !

se met à faire visiter	Givet them a tour of
chuchotant	In a whisper
soudaine	Sudden

- Mon pauvre Arnaud ! Ton raisonnement est complètement faux. Il y a bien une raison pour laquelle nous sommes venu ce soir. Mais je te le dirai plus tard. »

La soirée se passe bien dans cet orphelinat, les enfants qui sont très énergiques, ne **manquent** pas d'imagination pour jouer avec leurs visiteurs. Même Arnaud **s'implique du mieux qu'il le peut**.

La fin de la soirée arrive, les trois amis doivent partir et les enfants doivent aller au lit. Les enfants ne veulent pas laisser leurs **bienfaiteurs** partir.

manquent	to miss
s'implique	Is involved
du mieux qu'il le peut.	The best he can.
Bienfaiteurs	Benefactor

Et au moment de quitter l'orphelinat, un petit garçon qui pleure, court vers Arnaud et le **serre** contre lui en disant : « Tu ne veux pas rester avec nous ? » Arnaud **s'agenouille** pour **se mettre à la taille** du petit garçon et lui dit en lui **souriant** : « Ne t'inquiète pas mon ami. Nous reviendrons te voir. »

Serre	hold
s'agenouille	Kneel down
mettre à la taille	To get to his height
souriant	Smiling

Et là Lisa et Olivier **s'étonnent**, Arnaud a **sourit** ! Lui qui ne l'avait pas fait depuis cinq années. Toute émue Lisa court vers son frère s'agenouille à son tour. Elle serre son grand frère et le petit garçon dans ses bras, en disant : « Oui nous reviendrons bientôt. Et même très souvent. » Quelques minutes après les amis s'en vont.

s'étonnent	Be surprised
sourit	Smile

En voiture Arnaud **affiche une mine** plus sereine **que d'habitude**. Et soudainement il demande à Olivier : « Maintenant qu'on est parti de l'orphelinat. Tu peux me dire. Quelle est la raison qui te pousse **à faire le bien tout à coup** ?

affiche une mine	Displayed
sereine	Relaxed
que d'habitude	Than usual
à faire le bien	To do good deeds
tout à coup	all of a sudden

- C'est Louise, et toi en même temps !
- Hein ?! Comment ça ?
- Et bien Louise **n'en a pas l'air comme ça** mais, elle est **veuve**. Elle a perdu son mari et sa fille dans un accident de voiture, il y a trois ans! Tout comme toi elle a beaucoup souffert. Mais elle, elle **s'en est remise**.
- Attend tu essayes de me manipuler pour ça ?! Je n'irai plus jamais dans cet endroit. Et je ne veux rien savoir de cette femme !
- Si on y retournera. N'oublie pas ta promesse au petit garçon. De plus je ne te laisse pas le choix. »

n'en a pas l'air comme ça	May not look like this
veuve	Widow
s'en est remise	She got over it

Olivier, étant plus **âgé** qu'Arnaud, a toujours **fait figure** de grand frère pour lui. Arnaud lui voue une grande admiration et beaucoup de respect. C'est pour ça qu'il lui **obéit presque au doigt et à l'œil.**

âgé	Older
fait figure	He is considered like
obéit presque au doigt et à l'œil	He will obey without objection

Le week-end se finit normalement pour Arnaud. Et une nouvelle semaine débute pour lui. Il passe beaucoup de temps à penser à l'expérience de l'orphelinat et à ce que lui a dit Olivier sur Louise. Arnaud a du mal à s'imaginer comment peut-on vivre normalement après **la perte** de sa famille.

la perte	The loss

Les jours passent et Arnaud ne cesse de penser à Louise et à l'orphelinat. Pour une fois il arrive à penser à autre chose que ses **peines**. Après beaucoup de réflexions, Arnaud décide d'aller voir Louise. Il prend la décision d'aller voir une femme qu'il **vient tout juste** de connaître pour lui parler de ce qu'il ressent.

peines	Sorrow
vient tout juste	Just

Durant la pause de midi, Arnaud prend un bus qui le mènera à l'orphelinat St. Joseph. Une fois sur place Arnaud **met du temps** avant de frapper à la porte. C'est Louise qui lui ouvre la porte toujours avec le même sourire **radieux** : « Bonjour ! Entrez vite. Il fait froid dehors. » A l'intérieur, Arnaud **remarque** qu'il n y a aucun enfant et demande :

met du temps	Take time
radieux	Radiant
Remarque (remarquer)	Notice

« Les enfants ne sont pas là ?

– Non les plus grands sont allés à l'école et les plus petits font leur sieste.

- D'accord. Excusez-moi de venir les mains vides. Dans la hâte, je n'ai pas pensé à apporter quelque chose pour les petits.
- Ce n'est pas grave les visites font beaucoup plaisir aux enfants. Ils vous ont déjà adoptés. Ils me demandent tout le temps. Quand est-ce que vous allez revenir les voir ?
- Très bien alors. Nous viendrons les voir souvent. En fait Louise. C'est vous que je suis venu voir aujourd'hui.
- Ah bon ?! Que puis-je faire pour vous ?
- J'espère que ça ne vous **fâchera** pas. Mais grâce à Olivier, je connais votre histoire et celle de la perte de votre famille.
- Non, ca ne me vexe pas du tout. Je connais votre histoire à vous aussi. Je suis vraiment désolée. C'est terrible de perdre quelqu'un qu'on aime. Je sais ce que c'est.
- Justement Louise. Comment faites-vous pour survivre ? Je **n'y arrive pas** aidez-moi s'il vous plaît.
- Ce n'est pas simple mais le temps fait bien les choses. En plus avec mon travail je n'ai pas le droit **de cesser de vivre**. Ces

enfants eux aussi n'ont plus leurs familles. Je n'ai pas le droit de les **abandonner**.

- Je vois !
- **Vous voulez vous en sortir**? Venez ici aussi souvent. Je vous guiderai. Faites-moi confiance ! »

fâchera (se fâcher)	Getting angry
n'y arrive pas	I can't do it
de cesser de vivre	To stop living
abandonner	Abandon / give up
Vous voulez vous en sortir ?	Do you want to leave this situation ?

Les mois **qui ont suivi,** il y a eu de nombreuses visites à l'orphelinat de la part d'Arnaud, d'Olivier, et parfois de Lisa. À chaque fois les enfants les attendent avec impatience devant la porte. Peu à peu la magie de **l'enfance** fait **reprendre goût à la vie** à Arnaud, qui **renoue des liens** avec le rire et la joie. Il **se familiarise** avec le bonheur que lui donnent ces petits enfants.

qui ont suivit	Following
enfance	Childhood /
reprendre goût à la vie	Start enjoying life again
renoue des liens	Reconnecting
se familiarise	To familiarize with

De l'autre côté Arnaud **renoue avec des sentiments oubliés.** Eh oui ! La belle Louise ne le laisse pas indifférent. Se disant qu'il ne peut plus **se laisser aller** et qu'il doit se relever, il fait de son mieux pour **nouer** des liens forts avec elle. Il l'invite même **à sortir** avec lui : Une première fois au restaurant, la seconde fois au cinéma et ainsi de suite. Les mois passent et les deux amoureux ne se quittent plus.

renoue avec des sentiments oubliés	To revive forgotten feelings
se laisser aller	To let himself go
nouer des liens forts	develop close ties
à sortir	To go out

Arnaud sachant que la vie est trop courte décide de **demander Louise en mariage.** Il en parle à sa famille et ses amis. Ils **accueillent la nouvelle avec joie.** Il décide donc d'inviter Louise à sortir pour lui faire sa demande. Il prévoit un **cadre** très romantique avec un dîner **en plein air** et un violoniste.

demander Louise en mariage	To propose to Louise
accueillent la nouvelle avec joie	Were happy to hear the news
un cadre	Surrounding
en plein air	In the open

Vers la fin du dîner Arnaud invite Louise à danser. Elle accepte. Durant cette danse Arnaud parle à son amoureuse et lui dit : « Tu as le pouvoir de me faire **revenir à la vie.** Aujourd'hui grâce à toi, je crois en la vie. Je crois en notre amour. Je t'aime tellement ma Louise. Je ne veux pas me séparer

de toi. Je ne veux pas vivre loin de toi plus que ça. **C'est pour cela que**...
»

revenir à la vie	coming back to life
C'est pour cela que	That is why

À ce moment précis le violoniste change de musique. Il joue **l'air préféré** de Louise, pendant qu'Arnaud s'agenouille et sort une petite boîte rouge de forme **ronde**. Il regarde Louise et lui dit : « Louise ! Ma belle Louise. Tu es mon **ange sauveur** et pour ça je ne peux plus vivre loin de toi. Veux-tu m'épouser ? » Louise **en larmes** et toujours avec le même sourire **radieux** lui répond « Oui ! Oui ! Oui ! ».

l'air préféré	Favourite song
forme	Shape
ange sauveur	guardian angel
en larmes	In tears
radieux	Bright /radiant

Olivier qui n'a jamais abandonné son copain a réussi le **pari fou** de le **libérer de l'emprise du passé**. Et depuis Arnaud et Louise **courent des jours heureux** dans l'orphelinat St. Joseph entourés de leurs nombreux enfants.

pari fou	Crazy bet
libérer de l'emprise du passé.	Free from the past
courent des jours heureux	Enjoy happy days

Vocab Recap 5 :

Cotés	To your side
reviennent à l'esprit	Just have remembered
perdu la vie	Is dead
accident de la route	road accident
Négligeant	Neglecting
belles années	Golden years
Hormis	Except for
Intime	Close friend
cercle réduit	Reduced circle
malheureux état	Unfortunate state
Rendez-vous arrangés	Arranged meeting
sorties forcées	Forced trip
mais rien n'y fait	But it won't change anything
sortir de sa bulle	Get out of his bubble
ne prête pas	does not pay attention
Toujours au même point.	Still in the same place
La forme ?	Are you Ok ?
On fait aller	Could be better
mon cher	My dear
Sinon	Otherwise
Harceler	To harass
Veste	Jacket
Bruyant	Noisy
Efficacement	Efficiently
ne s'attend	No one except
trajet	Ride
Orphelinat	Orphanage
Coffre	Trunk
Bénévolat	Charity work
s'amuser	To have fun
derrière la tête	In your mind
vexes	Offend
d'un coup de main	Help
jouets	Toys

s'exécute	perform
accueillir	Welcome
friandises	Candy
vacarme	Racket
lèvent	Raise
apercevoir	Notice
raides	Strong
brun profond	Deep brown
noisette claires	Hazelnut eclair
lumineux	Bright
tablier	Apron
affiche	Displayed
qui en ajoute beaucoup	Bring a lot of
se met à faire visiter	Give them a tour of
chuchotant	In a whisper
soudaine	Sudden
manquent	to miss
s'implique	Is involved
du mieux qu'il le peut.	The best he can.
Bienfaiteurs	Benefactor
Serre	Press
s'agenouille	Kneel down
mettre à la taille	To get to his height
souriant	Smiling
s'étonnent	Be surprised
sourit	Smile
affiche une mine	Displayed
sereine	Relaxed
que d'habitude	Than usual
à faire le bien	To do good deeds
tout à coup	all of a sudden
n'en a pas l'air comme ça	May not look like this
veuve	Widow
s'en est remise	She got over it
âgé	Older
fait figure	He is considered like
obéit presque au doigt et à l'œil	He will obey without objection

la perte	The loss
peines	Sorrow
vient tout juste	Just
met du temps	Take time
radieux	radiant
Remarque (remarquer)	Notice
fâchera	Getting angry
n'y arrive pas	I can't do it
de cesser de vivre	To stop living
abandonner	Abandon / give up
Vous voulez vous en sortir ?	Do you want to leave this
qui ont suivit	Following
enfance	Childhood /
reprendre goût à la vie	Start enjoying life again
renoue des liens	Reconnecting
se familiarise	To familiarize with
renoue avec des sentiments	To revive forgotten feelings
se laisser aller	To let himself go
nouer des liens forts	develop close ties
à sortir	To go out
demander Louise en mariage	To propose to Louise
accueillent la nouvelle avec joie	We're happy to hear the news
un cadre	Surrounding
en plein air	In the open
revenir à la vie	coming back to life
C'est pour cela que	That is why
l'air préféré	Favourite song
forme	Shape
ange sauveur	guardian angel
en larmes	In tears
radieux	Bright /radiant
pari fou	Crazy bet
libérer de l'emprise du passé.	Free from the past
courent des jours heureux	Enjoy happy days

Practice your writing:
Write a short summary of this story.

Sample:

Cinq ans sont passés depuis qu'Arnaud a perdu l'amour de sa vie dans un terrible accident de la route. Arnaud n'arrive toujours pas à s'en remettre même après cinq années. Prisonnier du passé rien ne lui fait oublier sa douleur.

Un soir alors qu'Arnaud passe encore une soirée à ne rien faire. Il reçoit la visite de Lisa sa petite sœur et d'Olivier son meilleur ami. Olivier est venu dans le but de faire sortir son ami. Pour ce soir Olivier a une petite surprise pour son ami. Il l'emmène dans l'orphelinat où travaille Louise son amie.

La visite de ces trois personnes fait énormément de plaisir aux enfants. Un petit garçon arrive même **à arracher un sourire** à Arnaud qui n'avait pas souri depuis bien des années. En route vers la maison, Olivier avoue à Arnaud que s'ils sont allés à l'orphelinat ce soir c'est parce que Louise a aussi perdu son mari et même sa fille dans un accident de voiture.

à arracher un sourire	to snatch a smile

Le lendemain, l'histoire de Louise hante les pensées d'Arnaud qui finit par repartir la voir et en discuter. Arrivé à l'orphelinat, Arnaud raconte tout à Louise qui est déjà au courant de l'histoire. Louise lui dit que c'est grâce à ses orphelins qu'elle a pu s'en sortir. La discussion se termine par Louise qui propose à Arnaud de l'aider.

Les mois suivants, Arnaud va mieux, et son intérêt grandit pour Louise. Ils tombent amoureux l'un de l'autre et deviennent inséparables. Arnaud, ne voulant plus gâcher sa vie, décide de demander la main de Louise. Il l'invite à diner un soir dans un cadre très romantique avec un diner aux étoiles et un violoniste. Arnaud et Louise se mettent à danser et **à l'issue** de cette danse. Arnaud fait sa demande dans **les règles de l'art**. Louise accepte. Depuis les deux **âmes sœurs** passent leur temps dans l'orphelinat.

à l'issue	at the end
les règles de l'art	the proper way
âmes sœurs	soulmate

Histoire/ Story 6 : Un anniversaire

Héloïse réfléchit à comment **fêter** l'anniversaire de sa meilleure amie Sophie. Les deux filles sont amies depuis leur **enfance**, donc Héloïse **veut bien faire les choses** pour le 25ème anniversaire de Sophie. Avec le budget qu'elle **a prévu** elle ne pourra pas organiser une fête dans un club. Ça lui couterait trop **cher**. Une fête surprise chez Sophie n'est pas non plus envisageable. Elle s'en **rendrait compte** très facilement. L'idée la plus raisonnable semble être une belle sortie au restaurant qui serait quand même une surprise pour Sophie.

Fêter	celebrate
Enfance	childhood
veut bien faire les choses	want to do things right
a prévu	Planned
cher	Expensive
rendrait compte	would realize

Héloïse s'occupe par la suite **d'avertir** les amis et la famille de Sophie. Elle invite les parents, le frère, et la sœur de Sophie. D'autres amis sont aussi **prévenus**. **Le mot d'ordre** est qu'elle doit **croire** que tout le monde a **oublié** son anniversaire. La surprise **se met rapidement en place**. Après quelques recherches, la jeune femme choisit *La Tour d'Or*, qui est le restaurant préféré de Sophie. Elle **se déplace** au restaurant pour faire les réservations et tout expliquer au personnel : « Bonjour ! **J'ai besoin de** parler au **gérant du restaurant**.

d'avertir	inform
prévenus	informed
Le mot d'ordre	the motto

Croire	Believe
Oublié	forgot
se met rapidement en place	quickly establishes
se déplace	Move
J'ai besoin de	I need to
gérant du restaurant	the restaurant manager

- Bonjour Madame ! **Veuillez patienter**. Je vais le chercher. Asseyez-vous.
- Merci Monsieur ! »

Veuillez patienter	please wait

Quelques minutes plus tard le gérant arrive et **s'adresse à** Héloïse : « Bonjour Madame ! Bienvenue à *la Tour d'Or*. Que puis-je faire pour vous ?

- Bonjour ! Je viens pour réserver.
- Mais vous auriez pu vous **éviter** le **dérangement** et faire vos réservations par téléphone.
- Oui je sais bien, mais c'est un peu particulier.
- Ah bon ?! **Racontez-moi tout ça.**
- C'est l'anniversaire de ma meilleure amie et je veux lui organiser une **petite fête surprise** chez vous.
- Je vois. Ce sera pour quand ?
- Vendredi prochain. C'est possible en **soirée ?**
- Oui ! **Parfaitement**. Combien de personnes ?
- Nous serons 18. Je pense que trois tables nous **suffiront**.
- Vous avez raison. Patientez un moment, je vous apporte notre menu. Vous allez pouvoir faire votre choix pour votre fête.
- D'accord. Je vous remercie. »

s'adresse à	speaks to
éviter	avoid
dérangement	inconvenience
Racontez-moi tout ça	tell me the whole story
petite fête surprise	surprise party
soirée	Evening
Parfaitement	absolutely
Suffiront	will be enough

Pendant que le gérant s'occupe d'apporter les menus. Héloïse **explique au reste du personnel** le déroulement de la surprise. Héloïse veut que leurs tables soient un peu **éloignées** de l'entrée. La surprise doit être parfaite. Une dizaine de minutes plus tard, le gérant revient avec le menu du restaurant et un catalogue des gâteaux d'anniversaire : « Voila le menu. Vous voulez du poulet, de la viande du poisson en plat principal ?

explique au reste du personnel	explain for the rest of the staff
éloignées	far

- Non ! En fait, j'ai déjà **une petite idée** sur vos plats. Avec mon amie, on est des habituées de votre restaurant. Pour cette fête je voudrais qu'on ait des **crevettes** et d'autres fruits de mer en **assortiment**. Avec quelques **légumes en sauce** en accompagnement. C'est possible ?
- Oui c'est **tout à fait faisable**. Et en **entrée** ? Du **potage** ou bien une salade ?
- Vu que nous aurons du gâteau, une salade **serait préférable**. Je vous laisse le choix de la salade. Je sais que je peux vous **faire confiance**.
- Vous avez une préférence concernant les boissons ? Des vins **en tête** ?

- Non ! Pas vraiment. Je **compte sur vous** pour choisir **ce qui va avec** nos plats.
- D'accord Madame. Passons au gâteau. Voilà ce que nous proposons.
- **Ce n'est pas la peine.** Mon amie aime tout ce qui contient du chocolat, de la crème et des fraises.
- Et bien parfait. »

une petite idée	an idea
crevettes	shrimp
assortiment	Assortment
légumes en sauce	vegetable sauce
accompagnement	side order
tout à fait faisable	quite doable
entrée	first course
potage	soup
serait préférable	would be better
faire confiance	have trust
en tête	in mind
compte sur vous	rely on you
ce qui va avec	what goes with it
Ce n'est pas la peine	this is not necessary

Après le restaurant. La **prochaine étape** pour Héloïse est de trouver une excuse pour attirer Sophie au restaurant. Ayant du **mal à trouver** un moyen de le faire, elle décide de **laisser ça** pour le soir même. Elle lui trouvera une raison pour **l'attirer** à la *Tour d'Or*. Héloïse a donc tout réglé pour l'anniversaire.

prochaine étape	next step
mal à trouver	trouble finding
laisser ça	leave it
l'attirer	attract

Le jour de l'anniversaire arrive très vite. Sophie est toute **triste**. Personne n'a pensé à son anniversaire. Elle pense que tout le monde l'a oublié. Héloïse fait croire à son amie qu'elle avait un rendez-vous avec un homme. Durant la soirée, elle appelle Sophie au téléphone pour lui faire croire qu'elle a un problème. Elle lui demande de **venir en aide.** Sophie va vite au restaurant **au secours de son amie**.

Triste	sad
Venir	come
Aide	Help
venir en aide	come to assist
au secours de son amie	to help her friend

Arrivée sur les **lieux**. Sophie entre vite pour y chercher son amie. Là, elle est surprise d'y trouver tous ses **proches** lui criant « Surprise ! ». Elle **comprend** que son amie n'a rien et qu'elle lui a juste fait une surprise pour son anniversaire : « Héloïse ! Tu as quand même pensé à moi.

- Heureusement ! **Les amis c'est fait pour ça.** »

Sophie prend place et la fête peut commencer.

lieux	place
proches	relatives
comprend	Understand
Les amis c'est fait pour ça	friends are meant for this

Le gérant du restaurant **vient en personne** souhaiter un bon anniversaire à Sophie. Il se met ensuite à présenter le menu de la soirée : « Bienvenue à *La Tour d'Or*. Pour Le diner de ce soir. Nous avons mis en place avec l'aide d'Héloïse un menu **aux goûts de** Sophie. En entrée nous **avons prévu** une salade landaise composée de laitue, d'asperges, de **maïs**, de **pignons de pain**, de tomates, **de tranches de foie gras de canard, de jambon, de magret de canard fumé**, et de **gésiers de canard** pour en faire une landaise authentique. Par la suite viendra un assortiment de fruits de mer accompagné de légumes sautés. Pour le désert nous avons **élaboré** un gâteau unique. Les directives d'Héloïse nous ont beaucoup aidés. Nous sommes parvenus à faire un gâteau aux **goûts** de Sophie. Mais ça reste une surprise qu'on laisse pour plus tard. Passez une bonne soirée. »

Tout le monde à l'air de bien **apprécier**. Héloïse est félicitée pour son organisation de la fête.

vient en personne	comes in person
aux goûts de	to the taste of
avons prévu	have planned
maïs	Corn
pignons de pain	pine nuts

de tranches de foie gras de canard	slices of ducks liver
jambon	ham
de magret de canard fumé	smoked duck breast
gésiers de canard	duck gizzards
élaboré	create
goûts	Taste
apprécier	appreciate

L'entrée ne **met** pas beaucoup de **temps (mettre du temps)** à arriver. Une salade landaise pour commencer un repas d'anniversaire. Du vin vient **s´ajouter** au plat. Couteaux et fourchettes en main les invités dégustent la salade, qui **passe toute seule**. Cette entrée **remporte un franc succès**. Tout le monde **complimente** le chef. Il se déplace en personne aux tables **des convives**. Il tient à **souhaiter** un bon anniversaire à Sophie.

Met	puts
Temps	time
(mettre du temps)	take some time
s´ajouter	be added
passe toute seule	goes alone
remporte un franc succès	is a great success
complimente	Compliment
des convives	guests

souhaiter	wish

Après avoir **débarrassé** la table et **mis** de **nouveaux couverts**. **Les serveurs** apportent la **suite** de fabuleux assortiments de fruits de mer : **du crabe, des crevettes, des langoustes, des moules** et même du **homard** composent **ces plateaux.** Des légumes sautés accompagnent les fruits de mer. Cette fois c'est du **vin blanc** que le gérant a choisi pour venir compléter cet **assortiment.** Sophie, Héloïse et leurs invités **se régalent** du repas. **Hélas** même avec tous ces efforts, il y a toujours quelqu'un **qui trouve à redire.** Mélanie la grande sœur de Sophie dit **qu'elle trouve que pour** des fruits de mer ce n'est pas **assez épicé.** Cela **fâche** un peu le gérant qui **s'est donné beaucoup de mal.** Malgré cela il demande **quand même** qu'on lui apporte de la **sauce épicée** qu'il y a en cuisine. Comme ça tout le monde est satisfait. Le repas se termine **en moins de temps qu'il ne faut pour le dire** et il ne reste plus aucun fruit de mer sur les plateaux.

débarrassé	clear
mis	put
nouveaux couverts	new flatware
Les serveurs	the servers
Suite	the rest
Du crabe	crab
des crevettes	Shrimps
des langoustes	lobsters
des moules	mussels
homard	Lobster

ces plateaux	these plates
vin blanc	white wine
assortiment	Assortment
se régalent	feast on
Hélas	unfortunately
qui trouve à redire	who finds fault
qu'elle trouve que pour	she found that
assez épicé	quite spicy
fâche	upset
s'est donné beaucoup de mal	has worked hard
quand même	still
sauce épicée	spicy sauce
en moins de temps qu'il ne faut pour le dire	in less time than it takes to say

Héloïse est satisfaite et se dit que tout se **passe bien** pour son amie. Elle **se retire** du reste du groupe pour parler au gérant : « Pour le gâteau vous allez attendre que je vous **fasse signe**. On passe d'abord à l'**ouverture** des **cadeaux.**

se passe bien	goes well
se retire	retreat
fasse signe	make a sign
l'ouverture	the opening

cadeaux	gifts

- **C'est comme vous voulez** Madame. J'espère que notre travail **vous convient.**
- Oui ! Tout le monde **s'amuse.** Sophie est **aux anges.**
- Je vous remercie.
- Il n'y a pas de quoi. Merci à vous. »

C'est comme vous voulez	it is like you want
vous convient	suit
s'amuse	have fun
aux anges	be ecstatic

Héloïse retourne à table. En **parfaite organisatrice** elle **annonce la suite des événements.** « C'est le moment de donner ses cadeaux à Sophie ! Tiens voila **le mien.**

- Merci ! Que ce que c'est ?
- Vas-y, ouvre-le.
- Oh ! C'est le **parfum** que je voulais m'offrir. Merci Héloïse. C'est tellement gentil à toi.
- Mais de rien. Allez tout le monde donnez-lui vos cadeaux. »

Sophie toute contente **reçoit** beaucoup de cadeaux. Elle les ouvre **les un après les autres:** des bijoux, des vêtements, des accessoires, quelques **produits cosmétiques.** La jeune femme est très **heureuse.**

parfaite organisatrice	perfect organizer
annonce la suite des événements	announces the following events
le mien	Mine

parfum	perfume
reçoit	Receives
produits cosmétiques	cosmetic products
heureuse	pleased

Après l'ouverture des cadeaux, c'est le moment du gâteau. Héloïse fait signe au personnel du restaurant pour qu'ils apportent le gâteau. Quelques secondes plus tard un **chariot** portant un **magnifique** gâteau arrive. Il est **orné** de 25 **bougies**. Là tout le monde **se met à** chanter « Joyeux anniversaire, joyeux anniversaire ». Sophie est **ravie**. « **Souffle** les bougies ! Mais **d'abord fais un vœu.** » Lui dit son amie. « Oui ! » Réponds Sophie. Elle fait son vœu et souffle les bougies de son gâteau.

Chariot	trolley
Magnifique	wonderful
Orné	decorated
Bougies	candles
se met à	begins to
ravie	delighted
Souffle	Blow
d'abord fais un vœu	first make a wish

Le **maître des lieux** revient vers eux pour leur présenter le gâteau : « voici un gâteau que nous avons conçu spécialement pour Sophie. Nous avons **pris en compte** ce qu'elle aimait et nous **avons opté** pour un gâteau au chocolat et à la fraise **façon forêt noir**.

maître des lieux	Owner (master of the place)
pris en compte	taken in to account
avons opté	Opted
façon forêt noir	black forest (name of cake) style

- Merci Monsieur.
- Je vous en prie Madame. Alors entre chaque couche de gâteau il y a de la crème chantilly à la fraise. Le tout est **recouvert** d'une crème à la vanille **parsemée** de **copeaux** de chocolats et **garni** de **morceaux** de fraises. »
- Très bien ! Où est le couteau ? **J'ai hâte** d'y goûter.
- Le voilà Madame. Nous allons vous chercher des petites assiettes et de **quoi servir**. »

recouvert	covered
parsemée	sprinkled
copeaux	(chocolate) curl
garni	Filled
morceaux	pieces
J'ai hâte	I can't wait
quoi servir	what to serve

Les **couverts** arrivent et le gérant revient avec un **seau portant** une bouteille de champagne : « Voila de quoi bien accompagné votre gâteau. **C'est offert par la maison.** Bon anniversaire Madame.

- Merci c'est si gentil à vous. Joignez-vous à nous. »

Les couverts	the cutlery
seau portant	a bucket carrying
C'est offert par la maison	it is on the house

Héloïse qui **s'est occupée** de couper le gâteau apporte une **part** au gérant qui la remercie. Tout le monde apprécie le bon gâteau.

Héloïse a **réussi son pari** et elle a organisé une superbe fête pour son amie. Le repas d'anniversaire se **termine dans la joie.**

s'est occupée	took care of
part	piece
réussi son pari	achieved his goal
termine dans la joie	ends in joy

Héloïse propose à son amie de l'accompagner chez elle pour l'aider à porter tous ses cadeaux. Sophie est contente. Les deux amies remercient les invités et les **raccompagnent** avant de **s'en aller** elles-mêmes. Là un serveur vient et leur tend des paquets : « Madame. Vous oubliez les restes du gâteau.

- **Les restes** du gâteau ?!
- Oui il en reste. Ce **serait dommage** de les **gâcher**.
- Oui mais justement ça ne sera pas du **gâchis. Reprenez-les** et mangez ce qui reste du gâteau avec vos collègues.

- Oh ! Merci infiniment Madame.
- Je vous en prie. »

raccompagnent	took them to the door
s'en aller	go
Les restes	leftovers
serait dommage	would be too bad
gâcher	To waste
gâchis	A waste
Reprenez-les	take them back

Sophie regarde son amie d'**un air étonné** et lui dit : « Depuis quand tu laisses du gâteau toi ?

- Depuis qu'on a ces sacs **remplis** de cadeaux à porter. Nous n'avons pas de troisièmes bras pour porter plus de paquets.
- Je vois. Ça m'avait étonnée.
- Oui. En plus **vu que** tu es une habituée, ces bonnes actions te **favoriseront** par rapport aux autres clients. Tu auras sûrement des **trucs offerts**.
- Je vois que tu **penses à tout toi**. »

un air étonné	with astonishement
remplis	full
vu que	since
favoriseront	will boost
trucs offerts	things offered
penses à tout toi	you think of everything

Sur le chemin vers la station du métro Héloïse et Sophie discutent de la soirée :
« Héloïse. C'est si gentil à toi d'avoir fait tout ça. Je pensais que tout le monde
m'avait oublié.

- C'était **fait exprès.** J'ai demandé à tout le monde **de jouer le jeu.** C'était
  une belle surprise, non ?
- Ça pour une surprise, **s'en était une.** J'ai vraiment pensé que tu avais un
  problème.
- Pardon pour ça !
- Ce n'est pas grave. Merci beaucoup. C'était magnifique. Sûrement le
  meilleur anniversaire que j'ai eu.
- Mais de rien, rien n'est trop beau pour toi. »

fait exprès	on purpose
de jouer le jeu	to play the game
s'en était une	it was one

Les deux amies prennent ensuite le métro et partent chez Sophie. Arrivés chez
Sophie, et comme il se **fait tard**, elle invite Héloïse à passer la nuit chez elle. Vu
que le lendemain est un samedi, Héloïse accepte l'invitation. Et ainsi se termine
cette soirée d'anniversaire.

fait tard	getting late

Vocab Recap 6

Fêter	celebrate
Enfance	childhood
veut bien faire les choses	want to do things right
a prévu	Planned
cher	Expensive
rendrait compte	would realize
d'avertir	inform
prévenus	informed
Le mot d'ordre	the motto
Croire	Believe
Oublié	forgot
se met rapidement en place	quickly establishes
se déplace	Move
J'ai besoin de	I need to
gérant du restaurant	the restaurant manager
Veuillez patienter	please wait
s'adresse à	speaks to
éviter	avoid
dérangement	inconvenience
Racontez-moi tout ça	tell me the whole story
petite fête surprise	surprise party
soirée	Evening
Parfaitement	absolutely
Suffiront	will be enough
explique au reste du personnel	explain for the rest of the staff
éloignées	far
une petite idée	an idea
crevettes	shrimp
assortiment	Assortment
légumes en sauce	vegetable sauce
accompagnement	side order
tout à fait faisable	quite doable
entrée	first course
potage	soup
serait préférable	would be better
faire confiance	have trust

en tête	in mind
compte sur vous	rely on you
ce qui va avec	what goes with it
Ce n'est pas la peine	this is not necessary
prochaine étape	next step
mal à trouver	trouble finding
laisser ça	leave it
l'attirer	attract
Triste	sad
Venir	come
Aide	Help
venir en aide	come to assist
au secours de son amie	to help her friend
lieux	place
proches	relatives
comprend	Understand
Les amis c'est fait pour ça	friends are meant for this
vient en personne	comes in person
aux goûts de	to the taste of
avons prévu	have planned
maïs	Corn
pignons de pain	pine nuts
de tranches de foie gras de canard	slices of ducks liver
jambon	ham
de magret de canard fumé	smoked duck breast
gésiers de canard	duck gizzards
élaboré	create
goûts	Taste
apprécier	appreciate
Met	puts
Temps	time
(mettre du temps)	take some time
s'ajouter	be added
passe toute seule	goes alone
remporte un franc succès	is a great success
complimente	Compliment
des convives	guests

souhaiter	wish
débarrassé	clear
mis	put
nouveaux couverts	new flatware
Les serveurs	the servers
Suite	the rest
Du crabe	crab
des crevettes	Shrimps
des langoustes	lobsters
des moules	mussels
homard	Lobster
ces plateaux	these plates
vin blanc	white wine
assortiment	Assortment
se régalent	feast on
Hélas	unfortunately
qui trouve à redire	who finds fault
qu'elle trouve que pour	she found that
assez épicé	quite spicy
fâche	upset
s'est donné beaucoup de mal	has worked hard
quand même	still
sauce épicée	spicy sauce
en moins de temps qu'il ne faut pour le	in less time than it takes to say
se passe bien	goes well
se retire	retreat
fasse signe	make a sign
l'ouverture	the opening
cadeaux	gifts
C'est comme vous voulez	it is like you want
vous convient	suit
s'amuse	have fun
aux anges	be ecstatic
parfaite organisatrice	perfect organizer
annonce la suite des événements	announces the following events
le mien	Mine
parfum	perfume

reçoit	Receives
produits cosmétiques	cosmetic products
heureuse	pleased
Chariot	trolley
Magnifique	wonderful
Orné	decorated
Bougies	candles
se met à	begins to
ravie	delighted
Souffle	Blow
d'abord fais un vœu	first make a wish
maître des lieux	Owner (master of the place)
pris en compte	taken in to account
avons opté	Opted
façon forêt noir	black forest (name of cake) style
recouvert	covered
parsemée	sprinkled
copeaux	(chocolate) curl
garni	Filled
morceaux	pieces
J'ai hâte	I can't wait
quoi servir	what to serve
Les couverts	the cutlery
seau portant	a bucket carrying
C'est offert par la maison	it is on the house
s'est occupée	took care of
part	piece
réussi son pari	achieved his goal
termine dans la joie	ends in joy
raccompagnent	took them to the door
s'en aller	go
Les restes	leftovers
serait dommage	would be too bad
gâcher	To waste
gâchis	A waste
Reprenez-les	take them back
un air étonné	with astonishement

remplis	full
vu que	since
favoriseront	will boost
trucs offerts	things offered
penses à tout toi	you think of everything
fait exprès	on purpose
de jouer le jeu	to play the game
s'en était une	it was one
fait tard	getting late

Practice your writing:
Write a short summary of this story.

Sample:

Pour l'anniversaire de sa meilleure amie, Héloïse pense à organiser une fête à *La Tour d'Or*. Le restaurant préférée de Sophie sa meilleure amie. Elle contacte tout le monde pour les prévenir de la surprise.

Héloïse se déplace au restaurant. Elle y fait les réservations et prépare tout avec le gérant du restaurant. Elle fait part des **goûts personnels** de Sophie au gérant.

goûts personnels	Personal taste

Le jour de son anniversaire Sophie pense que tout le monde l'a oubliée. Personne ne lui souhaite un bon anniversaire. Héloïse lui fait croire qu'elle doit sortir avec un homme au restaurant. Le soir même Sophie reçoit **un coup de fil** de son amie qui lui dit qu'elle a un problème et qu'elle a besoin de son aide. Sophie court voir son amie au restaurant mais elle découvre cette belle surprise.

un coup de fil	A phone call

Une salade landaise est prévue en entrée à laquelle vient s'ajouter du bon vin rouge. La salade est suivie d'un fabuleux assortiment de fruits de mer accompagné de légumes sautés. Après ce plat Héloïse prend l'initiative de proposer qu'on ouvre les cadeaux avant de passer au gâteau. Tout le monde approuve et Sophie aime tous ses cadeaux.

Après l'ouverture des cadeaux **vient le tour** du gâteau. Une grande **génoise** au chocolat et à la fraise comme l'aime Sophie. Une bouteille de champagne offerte par le restaurant vient compléter l'ensemble.

vient le tour	xx's turn
génoise	Sponge cake

La fête se termine dans les meilleures conditions. Et les deux amies rentrent ensemble chez Sophie pour y passer la nuit.

Histoire/ Story 7 : Une soirée au cinéma

Les choses ont beaucoup évolué pour Robin depuis **sa venue** dans son nouveau lycée. Il s'est fait beaucoup d'amis et **est devenu** très populaire. Les choses **semblent aller pour le mieux** aussi entre lui et la belle Sandrine. Le jeune garçon a de vrais sentiments pour elle. Il envisage de les lui avouer mais il n'**ose** pas encore le faire. **Profitant** d'une discussion avec son ami Jean. Il lui demande des **conseils** : « Dis-moi Jean. Toi, tu as beaucoup de succès auprès des filles. Comment tu fais pour les inviter **à sortir avec toi**?

sa venue	his coming
est devenu	became
semblent aller pour le mieux	seem to be fine
Profitant	taking advantage of
Conseils	advises
à sortir avec toi	to go out with you

- Eh Bien ! Il n'y a pas de secret pour ça. Tu vas la voir et tu lui demandes.
- Ce n'est pas aussi simple! Surtout quand il s'agit d'une bonne amie à toi.
- Bonne amie ?! Tu es **amoureux** de Sandrine ?
- Je **n'irai pas jusqu'à dire** que je suis **fou d'elle**, mais y a quelque chose de particulier. C'est une fille assez **mignonne** et **sympa**. Elle est aussi la première à m'avoir parlé quand je suis arrivé ici.
- **Allez, avoue** que tu l'aimes !
- Oui bon ! c'est vrai. Je l'aime et j'aimerai l'inviter à sortir pour le lui dire. Je ne sais ni comment le faire ni où **l'emmener**.
- Tu n'as qu'à l'inviter chez toi pour voir un film et tu lui diras que tu l'aimes. Elle **a l'habitude** de venir chez toi non ?
- Oui **certes**, mais c'était pour réviser et non lui **avouer** mes **sentiments**.
- Tu n'as qu'à reprendre mon idée, l'inviter au cinéma pour voir un film romantique, puis vous **promener** au parc qui est à côté. Là, tu lui avoueras tout.

- **En voilà** une bonne idée ! Je vais le lui dire après les cours. »

Amoureux	in love
n'irai pas jusqu'à dire	I do not want to say
fou d'elle	crazy about her
mignonne	cute
sympa	nice
Allez, avoue	come on, admit
l'emmener	take her
a l'habitude	used to
certes	certainly
avouer	confess
sentiments	feelings
promener	take a walk
En voilà	and here is

La journée au lycée **se poursuit normalement**. A la **fin** des **cours** Robin est avec Sandrine et il lui parle de ses projets pour le weekend : « Dis-moi Sandrine, tu fais quoi ce weekend ?

- Je n'ai rien de prévu. Pourquoi ?!
- **Ben** si tu n'as rien à faire, tu penses quoi de sortir avec moi.
- Sortir avec toi ?!
- Oui, j'ai envie d'aller au cinéma. Tu ne veux pas venir avec moi ?
- Si si ! Je veux bien. Ça va être super.
- Ah ! Génial. On y va samedi soir ?
- Oui, c'est parfait. on va **se mettre d'accord** sur l'heure demain ? **Je dois y aller** maintenant, à demain !
- **A plus** Sandrine ! »

se poursuit normalement	continues as normal
fin	End
cours	Classes
Ben	Well

se mettre d'accord	to make a decision
Je dois y aller	I have got to go
A plus	see you !

Robin **aux anges** pour son premier rendez-vous, court rentrer chez lui.

Une fois **chez lui**, Robin prend son ordinateur. Il y cherche les films que proposent les salles de cinéma de la ville pour samedi. Comme il **a en tête** de voir un film romantique avec Sandrine, les recherches lui sont très facilitées. Le jeune homme trouve facilement une salle qui propose un film à la fois romantique et dramatique. Maintenant Robin a toutes les informations qu'il faut, pour proposer **concrètement** à Sandrine une soirée au cinéma avec lui.

aux anges	thrilled
chez lui	at his place
a en tête	has in mind
concrètement	concretly

Le lendemain dès le matin Robin va voir Sandrine. Il lui parle de ses **trouvailles** de la veille : « Bonjour Sandrine.

- Bonjour Robin. Ça va ?
- Ouais ça va merci, et toi ?
- Je vais bien aussi, merci. Alors ? le cinéma ?
- Oui justement. Hier soir j'ai fait quelques petites recherches sur internet. **Ils passent** « Le Temps d'un automne » au Louxor samedi soir.
- Super ! J'ai toujours adoré ce film. Mandy Moore est l'une de mes actrices préférées. Quand le film est sorti c'était une grande **vedette**. Je suis ravie de le voir sur le grand **écran** ça sera la toute première fois.

- Mandy Moore, c'est l'**interprète** du **premier rôle féminin,** n'est ce pas ?
- Oui, sa chanson dans le film est tellement belle. C'est la scène que je préfère dans le film. La séance est pour quelle heure ?
- **Tant mieux alors.** Le film commence à 20h50. Je **passe te chercher** à 20h30 ? Je vais prendre la voiture de mon père.
- Oui c'est d'accord. **Vite !** Allons en cours maintenant. »

Les deux **adolescents** partent en classe. La journée de cours se passe **le plus normalement du monde** et la semaine se finit très vite.

Trouvailles	finding
Ils passent	they show
Vedette	star
écran	Screen
l'interprète	the performer
premier rôle féminin	leading actress
Tant mieux alors	Then good
Passe te chercher	going to pick you up
Vite	quickly
Adolescents	Teenager
le plus normalement du monde	like usual

Samedi est arrivé très rapidement. Robin est **tout excité à l'idée** qu'il va sortir avec la fille qu'il aime. Le soir même, il passe même beaucoup de temps à se choisir une **tenue adéquate** pour l'occasion. Après une longue **séance d'essayage** il arrive enfin à se décider. Il opte pour une tenue **classe et décontractée**, de quoi séduire la **charmante** Sandrine.

L'heure du rendez-vous approche et Robin devient de plus en plus nerveux. A 20h il prend la voiture de son père et part chez Sandrine pour chercher cette dernière. Arrivé là-bas, il trouve Sandrine en train de l'attendre sur **le pas de la porte.** Robin lui **klaxonne** et elle monte en voiture. Le jeune homme discute avec elle avant de **reprendre la route** : « Bonsoir Sandrine. T'es **très en beauté** ce soir.

- Bonsoir. Merci. Toi aussi tu es particulièrement beau ce soir.
- T'es gentil. On y va ?
- Oui ! »

tout excité à l'idée	all excited at the prospect
tenue adéquate	appropriate clothing
séance d'essayage	fitting session
classe et décontractée	class and relaxed
charmante	Charming
pas de la porte	door step
klaxonne	honk
reprendre la route	hit the road again
très en beauté	very beautiful

Et la voiture **redémarre**. Arrivés au cinéma, les deux jeunes sont surpris de voir qu'il n y a pas **beaucoup de monde**. Cela **met** Robin vraiment plus **à l'aise (mettre à l'aise)**. Il se dit que ça ne sera pas difficile **d'avouer ses sentiments** à Sandrine. Robin va acheter les billets, le popcorn et les sodas. Ils **prennent place (prendre place)** par la suite. **L'ouvreur** passe **vérifier** les **billets** des **spectateurs** et avant le **début de la séance** Robin essaye de discuter un peu avec sa **belle**: « J'espère que tu aimes le popcorn et le soda, sinon je vais aller te chercher autre chose.

Redémarre	restart
beaucoup de monde	many people
met	puts
à l'aise	comfortable
mettre à l'aise	put at ease
d'avouer ses sentiments	to confess his feelings
prennent place par la suite	they take place thereafter
prendre place	sit
L'ouvreur	the usher
Vérifier	check
Billets	tickets

Spectateurs	Audience
début de la séance	beginning of the session
belle	beauty

- Ce n'est pas la peine. C'est **parfait**.
- Très bien alors. Dis, tu savais que ce film est en fait **une adaptation** d'un livre ?
- Oui je l'ai lu. Comme je **l'ai lu** après avoir vu le film, c'était plus facile d'imaginer les personnages. En fait ce n'est pas vraiment une adaptation mais le **réalisateur** et le **scénariste** du film se sont inspirés du livre. Les Américains sont vraiment doués pour ça.
- Je vois. Honnêtement toi tu préfères le livre ou le film ? Beaucoup préfèrent les films à la lecture.
- **Franchement** j'aime les deux, et toi tu préfères quoi ?
- Aucun ! J'aime les deux aussi. Que ce soit la littérature ou le cinéma, les deux sont des arts **époustouflants**. Ils **se complètent**, on voit des adaptations de l'un vers l'autre.
- Super. C'est la première fois que je viens au Louxor. **La plupart du temps** on va à La Bastille avec la famille.
- C'est la première fois pour moi aussi. C'est une assez bonne salle je trouve. Elle est très grande, **mais il** n'y a pas beaucoup de monde ce soir.
- Oui, je préfère. On pourra bien apprécier le film comme ça. »

Ce n'est pas la peine	it is not worth it
Parfait	perfect
une adaptation	an adaptation
l'ai lu	I have read it
réalisateur	director
scénariste	Scriptwriter
Franchement	honestly
Epoustouflants	Amazing
se complètent	complete one another
La plupart du temps	most of the time

La discussion des deux amis est **interrompue** par le début du film. Le film est très riche en émotions. Les minutes **passent par dizaines** sans se faire sentir. Sandrine est très **prise par le film**. Elle ne prête pas beaucoup d'attention au pauvre Robin. Il **en désespérerait** sûrement s'il n'était pas lui aussi absorbé par le film. La **fameuse scène** de la chanson arrive enfin. Sandrine **prise d'émotion,** lors de cette scène prend la main à Robin. Le jeune homme est **tout à coup ramené à la réalité** et il **serre la main** de sa voisine. Le film continue et son **déroulement** inspire Robin et touche énormément la jeune Sandrine.

Interrompue	interrupted
passent par dizaines	pass quickly
prise par le film	taken by the film
en désespérerait	lose hope
fameuse scène	famous scene
prise d'émotion	feeling emotional
tout à coup ramené à la réalité	suddenly brought back to
serre la main	shakes her hand
déroulement	progress

Le film terminé, Robin demande à Sandrine ses réactions sur le film :
« Alors tu as aimé le voir sur grand écran ?

- Oui, c'était **merveilleux**. Ça me touche vraiment beaucoup ce genre d'histoire. Merci Robin pour ce film.
- De rien. On en fera d'autres encore comme ça, si tu veux.
- Oui, **j'en serai vraiment ravie**.
- Les décors sont magnifiques. Ces paysages d'Amérique profonde sont très **propices** à ce genre d'histoire. J'aime également l'évolution des **personnages** le long du film.
- Moi aussi. Tout est vraiment parfait dans ce film. Les décors, le scénario, les acteurs, les **figurants, le maquillage, l'éclairage** tout mais vraiment tout y est parfait.

- Haha ! Je vois que tu l'aimes beaucoup. Bon on y va maintenant ?
- D'accord, allons-y. »

Merveilleux	wonderful
j'en serai vraiment ravie	I will be so delighted
propices	favourable
personnages	Characters
figurants	Extra (for a movie)
le maquillage	Makeup
l'éclairage	lighting

A la sortie du cinéma comme il n'était pas très tard. Robin propose à Sandrine d'aller **faire un tour** dans le parc qui n'était pas loin. La jeune fille accepte. Elle, qui aime les **promenades nocturnes**, ne pouvait refuser. Ce soir là il fait assez **doux** et le ciel est bien **clair**, ça leur permettra de bien voir les étoiles.

faire un tour	go out for a walk
promenades nocturnes	night walks
doux	pleasant
clair	bright

Arrivés au parc les jeunes amis discutent **en marchant**. Sandrine parle encore du film : « Je ne pensais pas que tu aimais les films romantiques ! En général les garçons ne sont pas très romantiques.

- Ce n'est pas mon cas. Je suis très romantique **comme gars**. En fait même les autres garçons le sont aussi, mais ils ne le montrent pas **forcément**.
- Je crois que tu as raison. Il faut vraiment **côtoyer** un garçon pour bien le connaitre. Un film comme « Le Temps d'un automne » est un **excellent moyen** pour découvrir ce genre de choses.
  L'affection qui **naît** entre les personnages est si forte. Il faut dire que même à la lecture du **roman** on **ressent ça**. De plus la

distribution est très bien faite. Ils ont choisi de super bons comédiens.

- Oui et l'histoire nous montre **à quel point** la vie est précieuse. Tu ne trouves pas ?
- Oui je trouve aussi. La vie **passe** assez vite. »

en marchant	walking
comme gars	like guys
forcément	necessarily
côtoyer	mix with
excellent moyen	great way
naît	Emerge
roman	novel
ressent ça	feels it
à quel point	just how
passe	goes

En entendant ces mots Robin pense que c'est le bon moment pour lui. Il se dit qu'il peut enfin lui avouer ses sentiments. **Prenant son courage à deux mains**, Robin se lance : « Sandrine, j'ai quelque chose à t'avouer. »

En entendant	upon hearing
Prenant son courage à deux	taking his courage

La jeune fille avec un **petit air étonné** se retourne vers Robin et attend d'entendre ce que le jeune homme veut lui dire. Robin reprend : « On se connaît depuis un certain temps maintenant. Je ne te **cacherais** pas que je ressens plus que de l'amitié pour toi. Tu es une fille sympa, **sûre de toi** et tellement adorable. Ton influence sur moi est magique, personne n'a jamais su **me faire sortir de ma coquille** comme toi. Je suis amoureux de toi Sandrine.

- Eh bien ! Je m'attendais à une telle déclaration, **mais pas à tout ça**. Robin tu es si gentil, je ne pensais pas que je t'inspirais **autant**

de choses. Moi aussi je suis amoureuse de toi. J'ai eu des sentiments dès le début, dès que tu es arrivé au lycée. Au moment où tu es entré dans la **salle de cours**, je t'avais tout de suite remarqué et je me suis dit qu'il fallait que je te parle. Je n'ai jamais pu t'avouer mes sentiments, j'espérais que ce soit toi qui le fasses. Ce soir je suis tellement heureuse d'être avec toi. Je t'aime Robin. »

petit air étonné	little surprised
Cacherai	hide
sûre de toi	self confident
me faire sortir de ma coquille	make me leave my shell
mais pas à tout ça	but not all that
autant de choses	so many things
salle de cours	classroom

Sur ces mots le jeune homme prend l'initiative d'embrasser son amoureuse. Le baiser est très bien accueilli par Sandrine. Les deux amoureux ne tardent pas et Robin **reconduit** Sandrine chez elle. Les deux adolescents sont aux anges.

Sur ces mots	with these words
Reconduit	take her home

Le weekend se termine et lundi arrive vite. Au lycée tout le monde est surpris de voir Sandrine et Robin arriver **main dans la main** en cours. Jean court les voir pour les **féliciter** : « **Alors ça y est ?** Vous êtes officiellement ensemble ? »

main dans la main	hand in hand
féliciter	congratulate
Alors ça y est ?	So that is it ?

Sandrine lui **répond avec beaucoup d'assurance** que oui et que rien ne les séparera. La **sonnerie retentie** et tout le monde part en cours. La vie reprend son cours **sauf que cette fois** Robin est en couple avec la belle Sandrine.

répond avec beaucoup	answers with great confidence
sonnerie retentie	the bell rings
sauf que cette fois	except this time

Vocab Recap 7 :

sa venue	his coming
est devenu	became
semblent aller pour le mieux	seem to be fine
Profitant	taking advantage of
Conseils	advises
à sortir avec toi	to go out with you
Amoureux	in love
n'irai pas jusqu'à dire	I do not want to say
fou d'elle	crazy about her
mignonne	cute
sympa	nice
Allez, avoue	come on, admit
l'emmener	take her
a l'habitude	used to
certes	certainly
avouer	confess
sentiments	feelings
promener	take a walk
En voilà	and here is
se poursuit normalement	continues as normal
fin	End
cours	Classes
Ben	Well
se mettre d'accord	to make a decision
Je dois y aller	I have got to go
A plus	see you !
aux anges	thrilled
chez lui	at his place
a en tête	has in mind
concrètement	concretly
Trouvailles	finding
Ils passent	they show

Vedette	star
écran	Screen
l'interprète	the performer
premier rôle féminin	leading actress
Tant mieux alors	Then good
Passe te chercher	going to pick you up
Vite	quickly
Adolescents	Teenager
le plus normalement du monde	like usual
tout excité à l'idée	all excited at the prospect
tenue adéquate	appropriate clothing
séance d'essayage	fitting session
classe et décontractée	class and relaxed
charmante	Charming
pas de la porte	door step
klaxonne	honk
reprendre la route	hit the road again
très en beauté	very beautiful
Redémarre	restart
beaucoup de monde	many people
met	puts
à l'aise	comfortable
mettre à l'aise	put at ease
d'avouer ses sentiments	to confess his feelings
prennent place par la suite	they take place thereafter
prendre place	sit
L'ouvreur	the usher
Vérifier	check
Billets	tickets
Spectateurs	Audience
début de la séance	beginning of the session
belle	beauty
Ce n'est pas la peine	it is not worth it
Parfait	perfect
une adaptation	an adaptation
l'ai lu	I have read it
réalisateur	director

scénariste	Scriptwriter
Franchement	honestly
Epoustouflants	Amazing
se complètent	complete one another
La plupart du temps	most of the time
malgré cela	although it
Interrompue	interrupted
passent par dizaines	pass quickly
prise par le film	taken by the film
en désespérerait	lose hope
fameuse scène	famous scene
prise d'émotion	feeling emotional
tout à coup ramené à la réalité	suddenly brought back to reality
serre la main	shakes her hand
déroulement	progress
Merveilleux	wonderful
j'en serai vraiment ravie	I will be so delighted
propices	favourable
personnages	Characters
figurants	Extra (for a movie)
le maquillage	Makeup
l'éclairage	lighting
faire un tour	go out for a walk
promenades nocturnes	night walks
doux	pleasant
clair	bright
en marchant	walking
comme gars	like guys
forcément	necessarily
côtoyer	mix with
excellent moyen	great way
naît	Emerge
roman	novel
ressent ça	feels it
à quel point	just how
passe	goes
En entendant	upon hearing

Prenant son courage à deux mains	taking his courage
petit air étonné	little surprised
Cacherai	hide
sûre de toi	self confident
me faire sortir de ma coquille	make me leave my shell
mais pas à tout ça	but not all that
autant de choses	so many things
salle de cours	classroom
Sur ces mots	with these words
Reconduit	take her home
main dans la main	hand in hand
féliciter	congratulate
Alors ça y est ?	So that is it ?
répond avec beaucoup d'assurance	answers with great confidence
sonnerie retentie	the bell rings
sauf que cette fois	except this time

Practice your writing:

Write a short summary of this story.

Sample:

Avec les conseils de son ami Jean, Robin décide d'inviter Sandrine au cinéma pour lui avouer ce qu'il ressent pour elle. Plus tard dans la journée Robin propose ça à Sandrine et elle accepte avec joie.

Après une recherche sur internet c'est le « Le Temps d'un automne » qui passera samedi soir au Louxor que Robin choisit. Le lendemain au lycée, il propose ça à Sandrine. Le film étant un de ses préférés, la jeune fille saute de joie. Ils décident d'un rendez-vous et le tour est joué.

La semaine passe vite et le fameux jour est arrivé. Robin prend la voiture de son père et part chercher Sandrine. Arrivé chez elle, la jeune fille, **très en beauté** monte dans la voiture et ils partent au cinéma.

très en beauté	Look very handsome

Arrivés au cinéma les jeunes amis sont **émerveillés** par la salle. Robin lui est content de voir qu'il n'y a pas beaucoup de monde. Avant le début de la séance Sandrine et Robin ont le temps de discuter du film. Le film commence et tout le monde s'émerveille, le film est très riche en émotions.

émerveillés	amazed

Après le film Robin prend Sandrine au parc pour s'y promener et il se décide à lui **ouvrir son cœur**. Sandrine partage les mêmes sentiments pour lui. Voilà que les deux amoureux sont enfin ensemble.

ouvrir son cœur.	Open his heart

Le lundi qui a suivi les deux amoureux surprennent tout le monde au lycée et annoncent officiellement qu'ils sont ensemble. Et la vie reprend son cours.

How to download the MP3?

Go to this page: talkinfrench.com/download-mp3-7-easy-french-stories/

Or Get the French Learning Package:

The French Learning Package is a fast-growing collection of free resources that will help you learn French Faster and More Efficiently:

Step by Step Study Guide to Learn French

French Pronunciation Guide

7 Chapters of the Beginner's French Grammar EBook

10 self-introduction example (with MP3)

200 most frequent French Words (PDF and MP3)

and so much more!

Check it out here

http://www.talkinfrench.com/french-free-package

FREE French learning package:

The French Learning Package is a growing collection of free resources that will help you learn French Faster and Better:

- Step by Step Study Guide to Learning French
- French Pronunciation Guide
- 7 Chapters of the Beginner's French Grammar Ebook
- 10 self-introduction examples (with MP3)
- 200 most frequent French Words (PDF and MP3)
- ...and so much more!

Check it out here:

http://www.talkinfrench.com/french-free-package

About the author:

Frédéric BIBARD is the founder of Talkinfrench.com. He helps motivated learners to improve their French and create a learning habit.

Questions about the ebook or French?

Contact me via email or through the Facebook page.

Email: Frederic@talkinfrench.com

Facebook: facebook.com/talkinfrench

I want your feedback.

Please write a review on Amazon.

After reading, please write an honest, unbiased review. I look forward to reading it.

Write a review now.

Thank you so much, merci beaucoup.

Frédéric BIBARD

Check out Talk in French on social media:

I provide 1 French word and 1 French expression everyday:

Facebook:

www.facebook.com/talkinfrench

Twitter:

twitter.com/talkinfrench

Instagram:

http://instagram.com/talkinfrench

Google Plus:

https://plus.google.com/105441463665166798943/posts

Want to continue to read more in French?

For beginners:

1jour1actu

Intermediate:

Leparisien

20 minutes

Advanced:

Lemonde.fr

Lefigaro.fr

Liberation.fr

Bonus : **LE HORLA par Maupassant. (in parallel text (French and English)**

Foreword.

Please note the following texts are public domain works. The original text was written by Guy De Maupassant in 1867 and was translated into English by Walter Dunne in 1903. Please do not hesitate to share this document with your friends.

If you have any suggestions about improving the layout of this document do not hesitate to contact me.

8 mai. – Quelle journée admirable ! J'ai passé toute la matinée étendu sur l'herbe, devant ma maison, sous l'énorme platane qui la couvre, l'abrite et l'ombrage tout entière. J'aime ce pays, et j'aime y vivre parce que j'y ai mes racines, ces profondes et délicates racines, qui attachent un homme à la terre où sont nés et morts ses aïeux, qui l'attachent à ce qu'on pense et à ce qu'on mange, aux usages comme aux nourritures, aux locutions locales, aux intonations des paysans, aux odeurs du sol, des villages et de l'air lui-même.

MAY 8. What a lovely day! I have spent all the morning lying on the grass in front of my house, under the enormous plantain tree which covers and shades and shelters the whole of it. I like this part of the country; I am fond of living here because I am attached to it by deep roots, the profound and delicate roots which attach a man to the soil on which his ancestors were born and died, to their traditions, their usages, their food, the local expressions, the peculiar language of the peasants, the smell of the soil, the hamlets, and to the atmosphere itself.

J'aime ma maison où j'ai grandi. De mes fenêtres, je vois la Seine qui coule, le long de mon jardin,derrière la route, presque chez moi, la grande et large Seine qui va de Rouen au Havre, couverte de bateaux qui passent.

I love the house in which I grew up. From my windows I can see the Seine, which flows by the side of my garden, on the other side of the road, almost through my grounds, the great and wide Seine, which goes to Rouen and Havre, and which is covered with boats passing to and fro.

À gauche, là-bas, Rouen, la vaste ville aux toits bleus, sous le peuple pointu des clochers gothiques. Ils sont innombrables, frêles ou larges, dominés par la flèche de fonte de la cathédrale, et pleins de cloches qui sonnent dans l'air bleu des belles matinées, jetant jusqu'à moi leur doux et lointain bourdonnement de fer, leur chant d'airain que la brise m'apporte, tantôt plus fort et tantôt plus   affaibli, suivant qu'elle s'éveille ou s'assoupit.

On the left, down yonder, lies Rouen, populous Rouen with its blue roofs massing under pointed, gothic towers. Innumerable are they, delicate or broad, dominated by the spire of the cathedral, full of bells which sound through the blue air on fine mornings, sending their sweet and distant Iron clang to me, their metallic sounds, now stronger and now weaker, according as the wind is strong or light.

Comme il faisait bon ce matin ! Vers onze heures, un long convoi de navires, traînés par un remorqueur, gros comme une mouche,et qui râlait de peine en vomissant une fumée épaisse, défila devant ma grille.

What a delicious morning it was! About eleven o'clock, a long line of boats drawn by a steam-tug, as big a fly, and which scarcely puffed while emitting its thick smoke, passed my gate.

Après deux goélettes anglaises, dont le pavillon rouge ondoyait sur le ciel, venait un superbe trois mâts brésilien, tout blanc, admirablement propre et luisant. Je le saluai, je ne sais pourquoi, tant ce navire me fit plaisir à voir.

After two English schooners, whose red flags fluttered toward the sky, there came a magnificent Brazilian three-master; it was perfectly white and wonderfully clean and shining. I saluted it, I hardly know why, except that the sight of the vessel gave me great pleasure.

12 mai. – J'ai un peu de fièvre depuis quelques jours ; je me sens souffrant, ou plutôt je me sens triste.

May 12. I have had a slight feverish attack for the last few days, and I feel ill, or rather I feel low-spirited.

D'où viennent ces influences mystérieuses qui changent en découragement notre bonheur et notre confiance en détresse ? On dirait que l'air, l'air invisible est plein d'inconnaissables Puissances, dont nous subissons les voisinages mystérieux. Je m'éveille plein de gaieté, avec des envies de chanter dans la gorge. – Pourquoi ? – Je descends le long de l'eau ; et soudain, après une courte promenade, je rentre désolé, comme si quelque malheur m'attendait chez moi. – Pourquoi ? – Est-ce un frisson de froid qui, frôlant ma peau, a ébranlé mes nerfs et assombri mon âme ? Est-ce la forme des nuages, ou la couleur du jour, la couleur des choses, si variable, qui, passant par mes yeux, a troublé ma pensée ? Sait-on ? Tout ce qui nous entoure, tout ce que nous voyons sans le regarder, tout ce que nous frôlons sans le connaître, tout ce que nous touchons sans le palper, tout ce que nous rencontrons sans le distinguer, a sur nous, sur nos organes et, par eux, sur nos idées, sur notre cœur lui-même, des effets rapides, surprenants et inexplicables.

Whence come those mysterious influences which change our happiness into discouragement, and our self-confidence into diffidence? One might almost say that the air, the invisible air, is full of unknowable Forces, whose mysterious presence we have to endure. I wake up in the best of spirits, with an inclination to sing in my heart. Why? I go down by the side of the water, and suddenly, after walking a short distance, I return home wretched, as If some misfortune were awaiting me there. Why? Is it a cold shiver which, passing over my skin, has upset my nerves and given me a fit of low spirits? Is it the form of the clouds, or the tints of the sky, or the colors of the surrounding objects which are so changeable, which have troubled my thoughts as they passed before my eyes? Who can tell? Everything that surrounds us, everything that we see without looking at it, everything that we touch without knowing it, everything that we handle without feeling it, everything that we meet without clearly distinguishing it, has a rapid, surprising, and inexplicable effect upon us and upon our organs, and through them on our ideas and on our being itself.

Comme il est profond, ce mystère de l'Invisible ! Nous ne le pouvons sonder avec nos sens misérables, avec nos yeux qui ne savent apercevoir! ni le trop petit, ni le trop grand, ni le trop près, ni le trop loin, ni les habitants d'une étoile, ni les habitants d'une goutte d'eau... avec nos oreilles qui nous trompent, car elles nous transmettent les vibrations de l'air en notes sonores. Elles sont des fées qui font ce miracle de changer en bruit ce mouvement et par cette métamorphose donnent naissance à la musique, qui rend chantante l'agitation muette de la nature... avec notre odorat, plus faible que celui du chien... avec notre goût, qui peut à peine discerner l'âge d'un vin !

How profound that mystery of the Invisible is! We cannot fathom it with our miserable senses: our eyes are unable to perceive what is either too small or too great, too near to or too far from us; we can see neither the inhabitants of a star nor of a drop of water; our ears deceive us, for they transmit to us the vibrations of the air in sonorous notes. Our senses are fairies who work the miracle of changing that movement into noise, and by that metamorphosis give birth to music, which makes the mute agitation of nature a harmony. So with our sense of smell, which is weaker than that of a dog, and so with our sense of taste, which can scarcely distinguish the age of a wine!

Ah ! si nous avions d'autres organes qui accompliraient en notre faveur d'autres miracles, que de choses nous pourrions découvrir encore autour de nous !

Oh! If we only had other organs which could work other miracles in our favor, what a number of fresh things we might discover around us!

16 mai. – Je suis malade, décidément ! Je me portais si bien le mois dernier ! J'ai la fièvre, une fièvre atroce, ou plutôt un énervement fiévreux, qui rend mon âme aussi souffrante que mon corps ! J'ai sans cesse cette sensation affreuse d'un danger menaçant, cette appréhension d'un malheur qui vient ou de la mort qui approche, ce pressentiment qui est sans doute l'atteinte d'un mal encore inconnu, germant dans le sang et dans la chair.

May 16. I am ill, decidedly! I was so well last month! I am feverish, horribly feverish, or rather I am in a state of feverish enervation, which makes my mind suffer as much as my body. I have without ceasing the horrible sensation of some danger threatening me, the apprehension of some coming misfortune or of approaching death, a presentiment which is no doubt, an attack of some illness still unnamed, which germinates in the flesh and in the blood.

18 mai. – Je viens d'aller consulter un médecin, car je ne pouvais plus dormir. Il m'a trouvé le pouls rapide, l'œil dilaté, les nerfs vibrants, mais sans aucun symptôme alarmant. Je dois me soumettre aux douches et boire du bromure de potassium.

May 18. I have just come from consulting my medical man, for I can no longer get any sleep. He found that my pulse was high, my eyes dilated, my nerves highly strung, but no alarming symptoms. I must have a course of shower baths and of bromide of potassium.

25 mai. – Aucun changement ! Mon état, vraiment, est bizarre. À mesure qu'approche le soir, une inquiétude incompréhensible m'envahit, comme si la nuit cachait pour moi une menace terrible. Je dîne vite, puis j'essaie de lire ; mais je ne comprends pas les mots ; je distingue à peine les lettres. Je marche alors dans mon salon de long en large, sous l'oppression d'une crainte confuse et irrésistible, la crainte du sommeil et la crainte du lit.

May 25. No change! My state is really very peculiar. As the evening comes on, an incomprehensible feeling of disquietude seizes me, just as if night concealed some terrible menace toward me. I dine quickly, and then try to read, but I do not understand the words, and can scarcely distinguish the letters. Then I walk up and down my drawing-room, oppressed by a feeling of confused and irresistible fear, a fear of sleep and a fear of my bed.

Vers dix heures, je monte dans ma chambre. À peine entré, je donne deux tours de clef, et je pousse les verrous ; j'ai peur... de quoi ?... Je ne redoutais rien jusqu'ici... j'ouvre mes armoires, je regarde sous mon lit ; j'écoute... j'écoute... quoi ?... Est-ce étrange qu'un simple malaise, un trouble de la circulation peut-être, l'irritation d'un filet nerveux, un peu de congestion, une toute petite perturbation dans le fonctionnement si imparfait et si délicat de notre machine vivante, puisse faire un mélancolique du plus joyeux des hommes, et un poltron du plus brave ? Puis, je me couche, et j'attends le sommeil comme on attendrait le bourreau. Je l'attends avec l'épouvante de sa venue, et mon cœur bat, et mes jambes frémissent ; et tout mon corps tressaille dans la chaleur des draps, jusqu'au moment où je tombe tout à coup dans le repos, comme on tomberait pour s'y noyer, dans un gouffre d'eau stagnante. Je ne le sens pas venir, comme autrefois, ce sommeil perfide, caché près de moi, qui me guette, qui va me saisir par la tête, me fermer les yeux, m'anéantir.

About ten o'clock I go up to my room. As soon as I have entered I lock and bolt the door. I am frightened -- of what? Up till the present time I have been frightened of nothing. I open my cupboards, and look under my bed; I listen -- I listen -- to what? How strange it is that a simple feeling of discomfort, of impeded or heightened circulation, perhaps the irritation of a nervous center, a slight congestion, a small disturbance in the imperfect and delicate functions of our living machinery, can turn the most light-hearted of men into a melancholy one, and make a coward of the bravest? Then, I go to bed, and I wait for sleep as a man might wait for the executioner. I wait for its coming with dread, and my heart beats and my legs tremble, while my whole body shivers beneath the warmth of the bedclothes, until the moment when I suddenly fall asleep, as a man throws himself into a pool of stagnant water in order to drown. I do not feel this perfidious sleep coming over me as I used to, but a sleep which is close to me and watching me, which is going to seize me by the head, to close my eyes and annihilate me.

Je dors – longtemps – deux ou trois heures – puis un rêve – non – un cauchemar m'étreint. Je sens bien que je suis couché et que je dors... je le sens et je le sais... et je sens aussi que quelqu'un s'approche de moi, me regarde, me palpe, monte sur mon lit, s'agenouille sur ma poitrine, me prend le cou entre ses mains et serre... serre... de toute sa force pour m'étrangler.

I sleep -- a long time -- two or three hours perhaps -- then a dream -- no -- a nightmare lays hold on me. I feel that I am in bed and asleep -- I feel it and I know it -- and I feel also that somebody is coming close to me, is looking at me, touching me, is getting on to my bed, is kneeling on my chest, is taking my neck between his hands and squeezing it -- squeezing it with all his might in order to strangle me.

Moi, je me débats, lié par cette impuissance atroce, qui nous paralyse dans les songes ; je veux crier, – je ne peux pas ; – je veux remuer, – je ne peux pas ; – j'essaie, avec des efforts affreux, en haletant, de me tourner, de rejeter cet être qui m'écrase et qui m'étouffe, – je ne peux pas !

I struggle, bound by that terrible powerlessness which paralyzes us in our dreams; I try to cry out -- but I cannot; I want to move -- I cannot; I try, with the most violent efforts and out of breath, to turn over and throw off this being which is crushing and suffocating me -- I cannot!

Et soudain, je m'éveille, affolé, couvert de sueur. J'allume une bougie. Je suis seul. Après cette crise, qui se renouvelle toutes les nuits, je dors enfin, avec calme, jusqu'à l'aurore.

And then suddenly I wake up, shaken and bathed in perspiration; I light a candle and find that I am alone, and after that crisis, which occurs every night, I at length fall asleep and slumber tranquilly till morning.

2 juin. – Mon état s'est encore aggravé. Qu'ai-je donc ? Le bromure n'y fait rien ; les douches n'y font rien. Tantôt, pour fatiguer mon corps, si las pourtant, j'allai faire un tour dans la forêt de Roumare. Je crus d'abord que l'air frais, léger et doux, plein d'odeur d'herbes et de feuilles, me versait aux veines un sang nouveau, au cœur une énergie nouvelle. Je pris une grande avenue de chasse, puis je tournai vers La Bouille, par une allée étroite, entre deux armées d'arbres démesurément hauts qui mettaient un toit vert, épais, presque noir, entre le ciel et moi.

June 2. My state has grown worse. What is the matter with me? The bromide does me no good, and the shower-baths have no effect whatever. Sometimes, in order to tire myself out, though I am fatigued enough already, I go for a walk in the forest of Roumare. I used to think at first that the fresh light and soft air, impregnated with the odor of herbs and leaves, would instill new life into my veins and impart fresh energy to my heart. One day I turned into a broad ride in the wood, and then I diverged toward La Bouille, through a narrow path, between two rows of exceedingly tall trees, which placed a thick, green, almost black roof between the sky and me.

Un frisson me saisit soudain, non pas un frisson de froid, mais un étrange frisson d'angoisse. Je hâtai le pas, inquiet d'être seul dans ce bois, apeuré sans raison, stupidement, par la profonde solitude. Tout à coup, il me sembla que j'étais suivi, qu'on marchait sur mes talons, tout près, à me toucher.

A sudden shiver ran through me, not a cold shiver, but a shiver of agony, and so I hastened my steps, uneasy at being alone in the wood, frightened stupidly and without reason, at the profound solitude. Suddenly it seemed as if I were being followed, that somebody was walking at my heels, close, quite close to me, near enough to touch me.

Je me retournai brusquement. J'étais seul. Je ne vis derrière moi que la droite et large allée vide, haute, redoutablement vide ; et de l'autre côté elle s'étendait aussi à perte de vue, toute pareille, effrayante.

I turned round suddenly, but I was alone. I saw nothing behind me except the straight, broad ride, empty and bordered by high trees, horribly empty; on the other side also it extended until it was lost in the distance, and looked just the same -- terrible.

Je fermai les yeux. Pourquoi ? Et je me mis à tourner sur un talon, très vite, comme une toupie. Je faillis tomber ; je rouvris les yeux ; les arbres dansaient, la terre flottait ; je dus m'asseoir. Puis, ah ! je ne savais plus par où j'étais venu ! Bizarre idée ! Bizarre ! Bizarre idée ! Je ne savais plus du tout. Je partis par le côté qui se trouvait à ma droite, et je revins dans l'avenue qui m'avait amené au milieu de la forêt.

I closed my eyes. Why? And then I began to turn round on one heel very quickly, just like a top. I nearly fell down, and opened my eyes; the trees were dancing round me and the earth heaved; I was obliged to sit down. Then, ah! I no longer remembered how I had come! What a strange idea! What a strange, strange idea! I did not the least know. I started off to the right, and got back into the avenue which had led me into the middle of the forest.

3 juin. – La nuit a été horrible. Je vais m'absenter pendant quelques semaines. Un petit voyage, sans doute, me remettra.

June 3. I have had a terrible night. I shall go away for a few weeks, for no doubt a journey will set me up again.

2 juillet. – Je rentre. Je suis guéri. J'ai fait d'ailleurs une excursion charmante. J'ai visité le mont Saint-Michel que je ne connaissais pas.

July 2. I have come back, quite cured, and have had a most delightful trip into the bargain. I have been to Mont Saint-Michel, which I had not seen before.

Quelle vision, quand on arrive, comme moi, à Avranches, vers la fin du jour ! La ville est sur une colline ; et on me conduisit dans le jardin public, au bout de la cité. Je poussai un cri d'étonnement. Une baie démesurée s'étendait devant moi, à perte de vue, entre deux côtes écartées se perdant au loin dans les brumes ; et au milieu de cette immense baie jaune, sous un ciel d'or et de clarté, s'élevait sombre et pointu un mont étrange, au milieu des sables. Le soleil venait de disparaître, et sur l'horizon encore flamboyant se dessinait le profil de ce fantastique rocher qui porte sur son sommet un fantastique monument.

What a sight, when one arrives as I did, at Avranches toward the end of the day! The town stands on a hill, and I was taken into the public garden at the extremity of the town. I uttered a cry of astonishment. An extraordinarily large bay lay extended before me, as far as my eyes could reach, between two hills which were lost to sight in the mist; and in the middle of this immense yellow bay, under a clear, golden sky, a peculiar hill rose up, somber and pointed in the midst of the sand. The sun had just disappeared, and under the still flaming sky stood out the outline of that fantastic rock which bears on its summit a picturesque monument.

Dès l'aurore, j'allai vers lui. La mer était basse, comme la veille au soir, et je regardais se dresser devant moi, à mesure que j'approchais d'elle, la surprenante abbaye. Après plusieurs heures de marche, j'atteignis l'énorme bloc de pierre qui porte la petite cité dominée par la grande église. Ayant gravi la rue étroite et rapide, j'entrai dans la plus admirable demeure gothique construite pour Dieu sur la terre, vaste comme une ville, pleine de salles basses écrasées sous des voûtes et de hautes galeries que

165

soutiennent de frêles colonnes. J'entrai dans ce gigantesque bijou de granit, aussi léger qu'une dentelle, couvert de tours, de sveltes clochetons, où montent des escaliers tordus, et qui lancent dans le ciel bleu des jours, dans le ciel noir des nuits, leurs têtes bizarres hérissées de chimères, de diables, de bêtes fantastiques, de fleurs monstrueuses, et reliés l'un à l'autre par de fines arches ouvragées.

At daybreak I went to it. The tide was low, as it had been the night before, and I saw that wonderful abbey rise up before me as I approached it. After several hours' walking, I reached the enormous mass of rock which supports the little town, dominated by the great church. Having climbed the steep and narrow street, I entered the most wonderful Gothic building that has ever been erected to God on earth, large as a town, and full of low rooms which seem buried beneath vaulted roofs, and of lofty galleries supported by delicate columns. I entered this gigantic granite jewel, which is as light in its effect as a bit of lace and is covered with towers, with slender belfries to which spiral staircases ascend. The flying buttresses raise strange heads that bristle with chimeras. with devils, with fantastic animals, with monstrous flowers, are joined together by finely carved arches, to the blue sky by day, and to the black sky by night.

Quand je fus sur le sommet, je dis au moine qui m'accompagnait : « Mon Père, comme vous devez être bien ici ! » Il répondit : « Il y a beaucoup de vent, monsieur » ; et nous nous mîmes à causer en regardant monter la mer, qui courait sur le sable et le couvrait d'une cuirasse d'acier.

When I had reached the summit. I said to the monk who accompanied me: ``Father, how happy you must be here!" And he replied: ``It is very windy, Monsieur''; and so we began to talk while watching the rising tide, which ran over the sand and covered it with a steel cuirass.

Et le moine me conta des histoires, toutes les vieilles histoires de ce lieu, des légendes, toujours des légendes. Une d'elles me frappa beaucoup. Les gens du pays, ceux du mont, prétendent qu'on entend parler la nuit dans les sables, puis qu'on entend bêler deux chèvres, l'une avec une voix forte, l'autre avec une voix faible. Les incrédules affirment que ce sont les cris des oiseaux de mer, qui ressemblent tantôt à des bêlements, et tantôt à des plaintes humaines ; mais les pêcheurs attardés jurent avoir rencontré, rôdant sur les dunes, entre deux marées, autour de la petite ville jetée ainsi loin du monde, un vieux berger, dont on ne voit jamais la tête couverte de son manteau, et qui conduit, en marchant devant eux, un bouc à figure d'homme et une chèvre à figure de femme, tous deux avec de longs cheveux blancs et parlant sans cesse, se querellant dans une langue inconnue, puis cessant soudain de crier pour bêler de toute leur force.

One of them struck me forcibly. The country people, those belonging to the Mornet, declare that at night one can hear talking going on in the sand, and also that two goats bleat, one with a strong, the other with a weak voice. Incredulous people declare that it is nothing but the screaming of the sea birds, which occasionally resembles bleatings, and occasionally human lamentations; but belated fishermen swear that they have met an old shepherd, whose cloak covered head they can never see, wandering on the sand, between two tides, round the little town placed so far out of the world. They declare he is guiding and walking before a he-goat with a man's face and a she-goat with a woman's face, both with white hair, who talk incessantly, quarreling in a strange language, and then suddenly cease talking in order to bleat with all their might.

Je dis au moine : « Y croyez-vous ? » Il murmura : « Je ne sais pas. » Je repris : « S'il existait sur la terre d'autres êtres que nous, comment ne les connaîtrions-nous point depuis longtemps ; comment ne les auriez-vous pas vus, vous ? comment ne les aurais-je pas vus, moi ? » Il répondit : « Est-ce que nous voyons la cent millième partie de ce qui existe ? Tenez, voici le vent, qui est la plus grande force de la nature, qui renverse les hommes, abat les édifices, déracine les arbres, soulève la mer en montagnes d'eau, détruit les falaises, et jette aux brisants les grands navires, le vent qui tue, qui siffle, qui gémit, qui mugit, – l'avez-vous vu, et pouvez-vous le voir ? Il existe, pourtant. »

``Do you believe it?'' I asked the monk. ``I scarcely know,'' he replied; and I continued: ``If there are other beings besides ourselves on this earth, how comes it that we have not known it for so long a time, or why have you not seen them? How is it that I have not seen them?'' He replied: ``Do we see the hundred-thousandth part of what exists? Look here; there is the wind, which is the strongest force in nature. It knocks down men, and blows down buildings, uproots trees, raises the sea into mountains of water, destroys cliffs and casts great ships on to the breakers; it kills, it whistles, it sighs, it roars. But have you ever seen it, and can you see it? Yet it exists for all that.''

Je me tus devant ce simple raisonnement. Cet homme était un sage ou peut-être un sot. Je ne l'aurais pu affirmer au juste ; mais je me tus. Ce qu'il disait là, je l'avais pensé souvent.

I was silent before this simple reasoning. That man was a philosopher, or perhaps a fool; I could not say which exactly, so I held my tongue. What he had said had often been in my own thoughts.

3 juillet. – J'ai mal dormi ; certes, il y a ici une influence fiévreuse, car mon cocher souffre du même mal que moi. En rentrant hier, j'avais remarqué sa pâleur singulière. Je lui demandai : «

Qu'est-ce que vous avez, Jean ?

– J'ai que je ne peux plus me reposer, monsieur, ce sont mes nuits qui mangent mes jours. Depuis le départ de monsieur, cela me tient comme un sort. »

Les autres domestiques vont bien cependant, mais j'ai grand-peur d'être repris, moi.

July 3. I have slept badly; certainly there is some feverish influence here, for my coachman is suffering in the same way as I am. When I went back home yesterday, I noticed his singular paleness, and I asked him: ``What is the matter with you, Jean?''

``The matter is that I never get any rest, and my nights devour my days. Since your departure, Monsieur, there has been a spell over me.''

However, the other servants are all well, but I am very frightened of having another attack, myself.

4 juillet. – Décidément, je suis repris. Mes cauchemars anciens reviennent. Cette nuit, j'ai senti quelqu'un accroupi sur moi, et qui, sa bouche sur la mienne, buvait ma vie entre mes lèvres. Oui, il la puisait dans ma gorge, comme aurait fait une sangsue. Puis il s'est levé, repu, et moi je me suis réveillé, tellement meurtri, brisé, anéanti, que je ne pouvais plus remuer. Si cela continue encore quelques jours, je repartirai certainement.

July 4. I am decidedly taken again; for my old nightmares have returned. Last night I felt somebody leaning on me who was sucking my life from between my lips with his mouth. Yes, he was sucking it out of my neck like a leech would have done. Then he got up, satiated, and I woke up, so beaten, crushed, and annihilated that I could not move. If this continues for a few days, I shall certainly go away again.

5 juillet. – Ai-je perdu la raison ? Ce qui s'est passé la nuit dernière est tellement étrange, que ma tête s'égare quand j'y songe !

Comme je le fais maintenant chaque soir, j'avais fermé ma porte à clef ; puis, ayant soif, je bus un

demi-verre d'eau, et je remarquai par hasard que ma carafe était pleine jusqu'au bouchon de cristal. Je me couchai ensuite et je tombai dans un de mes sommeils épouvantables, dont je fus tiré au bout de deux heures environ par une secousse plus affreuse encore.

July 5. Have I lost my reason? What has happened? What I saw last night is so strange that my head wanders when I think of it!

As I do now every evening, I had locked my door; then, being thirsty, I drank half a glass of water, and I accidentally noticed that the water-bottle was full up to the cut-glass stopper.

Then I went to bed and fell into one of my terrible sleeps, from which I was aroused in about two hours by a still more terrible shock.

Figurez-vous un homme qui dort, qu'on assassine, et qui se réveille, avec un couteau dans le poumon, et qui râle couvert de sang, et qui ne peut plus respirer, et qui va mourir, et qui ne comprend pas – voilà.

Picture to yourself a sleeping man who is being murdered, who wakes up with a knife in his chest, a gurgling in his throat, is covered with blood, can no longer breathe, is going to die and does not understand anything at all about it -- there you have it.

Ayant enfin reconquis ma raison, j'eus soif de nouveau ; j'allumai une bougie et j'allai vers la table où était posée ma carafe. Je la soulevai en la penchant sur mon verre ; rien ne coula. – Elle était vide ! Elle était vide complètement ! D'abord, je n'y compris rien ; puis, tout à coup, je ressentis une émotion si terrible, que je dus m'asseoir, ou plutôt, que je tombai sur une chaise ! puis, je me redressai d'un saut pour regarder autour de moi ! puis je me rassis, éperdu d'étonnement et de peur, devant le cristal transparent ! Je le contemplais avec des yeux fixes, cherchant à deviner. Mes mains tremblaient ! On avait donc bu cette eau ? Qui ? Moi ? moi, sans doute ? Ce ne pouvait être que moi ?

Having recovered my senses, I was thirsty again, so I lighted a candle and went to the table on which my water-bottle was. I lifted it up and tilted it over my glass, but nothing came out. It was empty! It was completely empty! At first I could not understand it at all; then suddenly I was seized by such a terrible feeling that I had to sit down, or rather fall into a chair! Then I sprang up with a bound to look about me; then I sat down again, overcome by astonishment and fear, in front of the transparent crystal bottle! I looked at it with fixed eyes, trying to solve the puzzle, and my hands trembled! Some body had drunk the water, but who? I? I without any doubt. It could surely only be I?

Alors, j'étais somnambule, je vivais, sans le savoir, de cette double vie mystérieuse qui fait douter s'il y a deux êtres en nous, ou si un être étranger, inconnaissable et invisible, anime, par moments, quand notre âme est engourdie, notre corps captif qui obéit à cet autre, comme à nous-mêmes, plus qu'à nous-mêmes.

In that case I was a somnambulist -- was living, without knowing it, that double, mysterious life which makes us doubt whether there are not two beings in us -- whether a strange, unknowable, and invisible being does not, during our moments of mental and physical torpor, animate the inert body, forcing it to a more willing obedience than it yields to ourselves.

Ah ! qui comprendra mon angoisse abominable ? Qui comprendra l'émotion d'un homme, sain d'esprit, bien éveillé, plein de raison et qui regarde épouvanté, à travers le verre d'une carafe, un peu d'eau disparue pendant qu'il a dormi ! Et je restai là jusqu'au jour, sans oser regagner mon lit.

Oh! Who will understand my horrible agony? Who will understand the emotion of a man sound in mind, wide-awake, full of sense, who looks in horror at the disappearance of a little water while he was asleep, through the glass of a water-bottle! And I remained sitting until it was daylight, without venturing to go to bed again.

6 juillet. – Je deviens fou. On a encore bu toute ma carafe cette nuit ; – ou plutôt, je l'ai bue ! Mais, est-ce moi ? Est-ce moi ? Qui serait-ce ? Qui ? Oh ! mon Dieu ! Je deviens fou ! Qui me sauvera ?

July 6. I am going mad. Again all the contents of my water-bottle have been drunk during the night; or rather I have drunk it!

But is it I? Is it I? Who could it be? Who? Oh! God! Am I going mad? Who will save me?

10 juillet. – Je viens de faire des épreuves surprenantes.Décidément, je suis fou ! Et pourtant !

Le 6 juillet, avant de me coucher, j'ai placé sur ma table du vin, du lait, de l'eau, du pain et des

fraises. On a bu – j'ai bu – toute l'eau, et un peu de lait. On n'a touché ni au vin, ni au pain, ni aux fraises.

Le 7 juillet, j'ai renouvelé la même épreuve, qui a donné le même résultat.

Le 8 juillet, j'ai supprimé l'eau et le lait. On n'a touché à rien.

Le 9 juillet enfin, j'ai remis sur ma table l'eau et le lait seulement, en ayant soin d'envelopper les carafes en des linges de mousseline blanche et de ficeler les bouchons. Puis, j'ai frotté mes lèvres, ma barbe, mes mains avec de la mine de plomb, et je me suis couché.

L'invincible sommeil m'a saisi, suivi bientôt de l'atroce réveil. Je n'avais point remué ; mes draps eux-mêmes ne portaient pas de taches. Je m'élançai vers ma table. Les linges enfermant les bouteilles étaient demeurés immaculés. Je déliai les cordons, en palpitant de crainte. On avait bu toute l'eau ! on avait bu tout le lait ! Ah ! mon Dieu !...

Je vais partir tout à l'heure pour Paris.

July 10. I have just been through some surprising ordeals. Undoubtedly I must be mad! And yet!

On July 6, before going to bed, I put some wine, milk, water, bread, and strawberries on my table. Somebody drank -- I drank -- all the water and a little of the milk, but neither the wine, nor the bread, nor the strawberries were touched.

On the seventh of July I renewed the same experiment, with the same results, and on July 8 I left out the water and the milk and nothing was touched.

Lastly, on July 9 I put only water and milk on my table, taking care to wrap up the bottles in white muslin and to tie down the stoppers. Then I rubbed my lips, my beard, and my hands with pencil lead, and went to bed.

Deep slumber seized me, soon followed by a terrible awakening. I had not moved, and my sheets were not marked. I rushed to the table. The muslin round the bottles remained intact; I undid the string, trembling with fear. All the water had been drunk, and so had the milk! Ah! Great God!

I must start for Paris immediately.

12 juillet. – Paris. J'avais donc perdu la tête les jours derniers ! J'ai dû être le jouet de mon imagination énervée, à moins que je ne sois vraiment somnambule, ou que j'aie subi une de ces influences constatées, mais inexplicables jusqu'ici, qu'on appelle suggestions. En tout cas, mon affolement touchait à la démence, et vingt-quatre heures de Paris ont suffi pour me remettre d'aplomb.

July 12. Paris. I must have lost my head during the last few days! I must be the plaything of my enervated imagination, unless I am really a somnambulist, or I have been brought under the power of one of those influences -- hypnotic suggestion, for example -- which are known to exist, but have hitherto been inexplicable. In any case, my mental state bordered on madness, and twenty-four hours of Paris sufficed to restore me to my equilibrium.

Hier, après des courses et des visites, qui m'ont fait passer dans l'âme de l'air nouveau et vivifiant, j'ai fini ma soirée au Théâtre-Français. On y jouait une pièce d'Alexandre Dumas fils ; et cet esprit alerte et puissant a achevé de me guérir. Certes, la solitude est dangereuse pour les intelligences qui travaillent. Il nous faut autour de nous, des hommes qui pensent et qui parlent. Quand nous sommes seuls longtemps, nous peuplons le vide de fantômes.

Yesterday after doing some business and paying some visits, which instilled fresh and invigorating mental air into me, I wound up my evening at the Théâtre Français. A drama by Alexander Dumas the Younger was being acted, and his brilliant and powerful play completed my cure. Certainly solitude is

dangerous for active minds. We need men who can think and can talk, around us. When we are alone for
a long time, we people space with phantoms.

Je suis rentré à l'hôtel très gai, par les boulevards. Au coudoiement de la foule, je songeais, non sans ironie, à mes terreurs, à mes suppositions de l'autre semaine, car j'ai cru, oui, j'ai cru qu'un être invisible habitait sous mon toit. Comme notre tête est faible et s'effare, et s'égare vite, dès qu'un petit fait incompréhensible nous frappe !

Au lieu de conclure par ces simples mots : « Je ne comprends pas parce que la cause m'échappe », nous imaginons aussitôt des mystères effrayants et des puissances surnaturelles.

I returned along the boulevards to my hotel in excellent spirits. Amid the jostling of the crowd I thought,
not without irony, of my terrors and surmises of the previous week, because I believed, yes, I believed,
that an invisible being lived beneath my roof. How weak our mind is; how quickly it is terrified and
unbalanced as soon as we are confronted with a small, incomprehensible fact. Instead of dismissing the
problem with: ``We do not understand because we cannot find the cause,'' we immediately imagine
terrible mysteries and supernatural powers.

14 juillet. – Fête de la République. Je me suis promené par les rues. Les pétards et les drapeaux m'amusaient comme un enfant. C'est pourtant fort bête d'être joyeux, à date fixe, par décret du gouvernement. Le people est un troupeau imbécile, tantôt stupidement patient et tantôt férocement révolté. On lui dit : « Amuse toi. » Il s'amuse. On lui dit : « Va te battre avec le voisin. » Il va se battre. On lui dit : « Vote pour l'Empereur. » Il vote pour l'Empereur. Puis, on lui dit : « Vote pour la République. » Et il vote pour la République.

July 14. Fête of the Republic. I walked through the streets, and the crackers and flags amused me like a
child. Still, it is very foolish to make merry on a set date, by Government decree. People are like a flock of
sheep, now steadily patient, now in ferocious revolt. Say to it: ``Amuse yourself,'' and it amuses itself. Say
to it: ``Go and fight with your neighbor,'' and it goes and fights. Say to it: ``Vote for the Emperor,'' and it
votes for the Emperor; then say to it: ``Vote for the Republic,'' and it votes for the Republic.

Ceux qui le dirigent sont aussi sots ; mais au lieu d'obéir à des hommes, ils obéissent à des principes, lesquels ne peuvent être que niais, stériles et faux, par cela même qu'ils sont des principes, c'est-à-dire des idées réputées certaines et immuables, en ce monde où l'on n'est sûr de rien, puisque la lumière est une illusion, puisque le bruit est une illusion.

Those who direct it are stupid, too; but instead of obeying men they obey principles, a course which can only be foolish, ineffective, and false, for the very reason that principles are ideas which are considered as certain and unchangeable, whereas in this world one is certain of nothing, since light is an illusion and noise is deception.

16 juillet. – J'ai vu hier des choses qui m'ont beaucoup troublé. Je dînais chez ma cousine, Mme Sablé, dont le mari commande le 76e chasseurs à Limoges. Je me trouvais chez elle avec deux jeunes femmes, dont l'une a épousé un médecin, le docteur Parent, qui s'occupe beaucoup des maladies nerveuses et des manifestations extraordinaires auxquelles donnent lieu en ce moment les expériences sur l'hypnotisme et la suggestion.

July 16. I saw some things yesterday that troubled me very much.

I was dining at my cousin's, Madame Sablé, whose husband is colonel of the Seventy-sixth Chasseurs at Limoges. There were two young women there, one of whom had married a medical man, Dr. Parent, who devotes himself a great deal to nervous diseases and to the extraordinary manifestations which just now experiments in hypnotism and suggestion are producing.

Il nous raconta longtemps les résultats prodigieux obtenus par des savants anglais et par les médecins de l'école de Nancy.

Les faits qu'il avança me parurent tellement bizarres, que je me déclarai tout à fait incrédule.

He related to us at some length the enormous results obtained by English scientists and the doctors of the medical school at Nancy, and the facts which he adduced appeared to me so strange, that I declared that I was altogether incredulous.

« Nous sommes, affirmait-il, sur le point de découvrir un des plus importants secrets de la nature, je veux dire, un de ses plus importants secrets sur cette terre ; car elle en a certes d'autrement importants, là-bas, dans les étoiles. Depuis que l'homme pense, depuis qu'il sait dire et écrire sa pensée, il se sent frôlé par un mystère impénétrable pour ses sens grossiers et imparfaits, et il tâche de suppléer, par l'effort de son intelligence, à l'impuissance de ses organes. Quand cette intelligence demeurait encore à l'état rudimentaire, cette hantise des phénomènes invisibles a pris des formes banalement effrayantes. De là sont nées les croyances populaires au surnaturel, les légendes des esprits rôdeurs, des fées, des gnomes, des revenants, je dirai même la légende de Dieu, car nos conceptions de l'ouvrier-créateur, de quelque religion qu'elles nous viennent, sont bien les inventions les plus médiocres, les plus stupides, les plus inacceptables sorties du cerveau apeuré des créatures. Rien de plus vrai que cette parole de Voltaire : " Dieu a fait l'homme à son image, mais l'homme le lui a bien rendu. "

``We are,'' he declared, ``on the point of discovering one of the most important secrets of nature, I mean to say, one of its most important secrets on this earth, for assuredly there are some up in the stars, yonder, of a different kind of importance. Ever since man has thought, since he has been able to express and write down his thoughts, he has felt himself close to a mystery which is impenetrable to his coarse and imperfect senses, and he endeavors to supplement the feeble penetration of his organs by the efforts of his intellect. As long as that intellect remained in its elementary stage, this intercourse with invisible spirits assumed forms which were commonplace though terrifying. Thence sprang the popular belief in the supernatural, the legends of wandering spirits, of fairies, of gnomes, of ghosts, I might even say the conception of God, for our ideas of the Workman-Creator, from whatever religion they may have come down to us, are certainly the most mediocre, the stupidest, and the most unacceptable inventions that ever sprang from the frightened brain of any human creature. Nothing is truer than what Voltaire says: `If God made man in His own image, man has certainly paid Him back again.'*

« Mais, depuis un peu plus d'un siècle, on semble pressentir quelque chose de nouveau. Mesmer et quelques autres nous ont mis sur une voie inattendue, et nous sommes arrivés vraiment, depuis quatre ou cinq ans surtout, à des résultats surprenants. »

``But for rather more than a century, men seem to have had a presentiment of something new. Mesmer and some others have put us on an unexpected track, and within the last two or three years especially, we have arrived at results really surprising.''

Ma cousine, très incrédule aussi, souriait. Le docteur Parent lui dit : « Voulez-vous que j'essaie de vous endormir, madame ?

– Oui, je veux bien. »

Elle s'assit dans un fauteuil et il commença à la regarder fixement en la fascinant. Moi, je me sentis soudain un peu troublé, le cœur battant, la gorge serrée. Je voyais les yeux de Mme Sablé s'alourdir, sa bouche se crisper, sa poitrine haleter.

Au bout de dix minutes, elle dormait.

« Mettez-vous derrière elle », dit le médecin.

Et je m'assis derrière elle. Il lui plaça entre les mains une carte de visite en lui disant : « Ceci est un miroir ; que voyez-vous dedans ? »

Elle répondit :

« Je vois mon cousin.

– Que fait-il ?

– Il se tord la moustache.

– Et maintenant ?

– Il tire de sa poche une photographie.

– Quelle est cette photographie ?

– La sienne. »

C'était vrai ! Et cette photographie venait de m'être livrée, le soir même, à l'hôtel.

« Comment est-il sur ce portrait ?

– Il se tient debout avec son chapeau à la main. »

Donc elle voyait dans cette carte, dans ce carton blanc, comme elle eût vu dans une glace. Les jeunes femmes, épouvantées, disaient : « Assez ! Assez ! Assez ! » Mais le docteur ordonna : « Vous vous lèverez demain à huit heures ; puis vous irez trouver à son hôtel votre cousin, et vous le supplierez de vous prêter cinq mille francs que votre mari vous demande et qu'il vous réclamera à son prochain voyage. »

Puis il la réveilla.

My cousin, who is also very incredulous, smiled, and Dr. Parent said to her: ``Would you like me to try and send you to sleep, Madame?''

``Yes, certainly.''

She sat down in an easy-chair, and he began to look at her fixedly, as if to fascinate her. I suddenly felt myself somewhat discomposed; my heart beat rapidly and I had a choking feeling in my throat. I saw that Madame Sablé's eyes were growing heavy, her mouth twitched, and her bosom heaved, and at the end of ten minutes she was asleep.

``Go behind her,'' the doctor said to me; so I took a seat behind her. He put a visiting-card into her hands, and said to her: ``This is a looking-glass; what do you see in it?''

She replied: ``I see my cousin.''

``What is he doing?''

``He is twisting his mustache.''

175

``And now?''

``He is taking a photograph out of his pocket.''

``Whose photograph is it?''

``His own.''

That was true, for the photograph had been given me that same evening at the hotel.

``What is his attitude in this portrait?''

``He is standing up with his hat in his hand.''

She saw these things in that card, in that piece of white pasteboard, as if she had seen them in a looking-glass.

The young women were frightened, and exclaimed: ``That is quite enough! Quite, quite enough!''

But the doctor said to her authoritatively: ``You will get up at eight o'clock to-morrow morning; then you will go and call on your cousin at his hotel and ask him to lend you the five thousand francs which your husband asks of you, and which he will ask for when he sets out on his coming journey.''

Then he woke her up.

En rentrant à l'hôtel, je songeai à cette curieuse séance et des doutes m'assaillirent, non point sur l'absolue, sur l'insoupçonnable bonne foi de ma cousine, que je connaissais comme une sœur, depuis l'enfance, mais sur une supercherie possible du docteur. Ne dissimulait-il pas dans sa main une glace qu'il montrait à la jeune femme endormie, en même temps que sa carte de visite ? Les prestidigitateurs de profession font des choses autrement singulières.

On returning to my hotel, I thought over this curious séance and I was assailed by doubts, not as to my cousin's absolute and undoubted good faith, for I had known her as well as if she had been my own sister ever since she was a child, but as to a possible trick on the doctor's part. Had not he, perhaps, kept a glass hidden in his hand, which he showed to the young woman in her sleep at the same time as he did the card? Professional conjurers do things which are just as singular.

Je rentrai donc et je me couchai. Or, ce matin, vers huit heures et demie, je fus réveillé par mon valet de chambre, qui me dit :

« C'est Mme Sablé qui demande à parler à monsieur tout de suite. »

Je m'habillai à la hâte et je la reçus.

Elle s'assit fort troublée, les yeux baissés, et, sans lever son voile, elle me dit :

« Mon cher cousin, j'ai un gros service à vous demander.

– Lequel, ma cousine ?

– Cela me gêne beaucoup de vous le dire, et pourtant, il le faut. J'ai besoin, absolument besoin,
de cinq mille francs.

– Allons donc, vous ?

– Oui, moi, ou plutôt mon mari, qui me charge de les trouver. »

*However, I went to bed, and this morning, at about half past eight, I was awakened by my footman,
who said to me: ``Madame Sablé has asked to see you immediately, Monsieur." I dressed hastily and
went to her.*

*She sat down in some agitation, with her eyes on the floor, and without raising her veil said to me: ``My
dear cousin, I am going to ask a great favor of you."*

``What is it, cousin?"

``I do not like to tell you, and yet I must. I am in absolute want of five thousand francs."

``What, you?"

``Yes, I, or rather my husband, who has asked me to procure them for him."

J'étais tellement stupéfait, que je balbutiais mes réponses. Je me demandais si vraiment elle ne s'était
pas moquée de moi avec le docteur Parent, si ce n'était pas là une simple farce préparée d'avance et
fort bien jouée.

Mais, en la regardant avec attention, tous mes doutes se dissipèrent. Elle tremblait d'angoisse, tant
cette démarche lui était douloureuse, et je compris qu'elle avait la gorge pleine de sanglots.

*I was so stupefied that I hesitated to answer. I asked myself whether she had not really been making fun
of me with Dr. Parent, if it were not merely a very well-acted farce which had been got up beforehand.*

On looking at her attentively, however, my doubts disappeared. She was trembling with grief, so painful was this step to her, and I was sure that her throat was full of sobs.

Je la savais fort riche et je repris :

« Comment ! votre mari n'a pas cinq mille francs à sa disposition ! Voyons, réfléchissez. Êtes-vous sûre qu'il vous a chargée de me les demander ? »

Elle hésita quelques secondes comme si elle eût fait un grand effort pour chercher dans son souvenir, puis elle répondit :

« Oui..., oui... j'en suis sûre.

– Il vous a écrit ? »

Elle hésita encore, réfléchissant. Je devinai le travail torturant de sa pensée. Elle ne savait pas. Elle savait seulement qu'elle devait m'emprunter cinq mille francs pour son mari. Donc elle osa mentir.

« Oui, il m'a écrit.

– Quand donc ? Vous ne m'avez parlé de rien, hier.

– J'ai reçu sa lettre ce matin.

– Pouvez-vous me la montrer ?

– Non... non... non... elle contenait des choses intimes... trop personnelles... je l'ai... je l'ai brûlée.

– Alors, c'est que votre mari fait des dettes. »

Elle hésita encore, puis murmura :

« Je ne sais pas. »

Je déclarai brusquement :

« C'est que je ne puis disposer de cinq mille francs en ce moment, ma chère cousine. »

Elle poussa une sorte de cri de souffrance.

« Oh ! oh ! je vous en prie, je vous en prie, trouvez-les... »

Elle s'exaltait, joignait les mains comme si elle m'eût prié ! J'entendais sa voix changer de ton ; ellepleurait et bégayait, harcelée, dominée par l'ordre irrésistible qu'elle avait reçu.

« Oh ! oh ! je vous en supplie... si vous saviez comme je souffre... il me les faut aujourd'hui. »

J'eus pitié d'elle.

« Vous les aurez tantôt, je vous le jure. »

Elle s'écria :

« Oh ! merci ! merci ! que vous êtes bon. »

I knew that she was very rich and so I continued: ``What! Has not your husband five thousand francs at his disposal? Come, think. Are you sure that he commissioned you to ask me for them?''

She hesitated for a few seconds, as if she were making a great effort to search her memory, and then she replied: ``Yes -- yes, I am quite sure of it.''

``He has written to you?''

She hesitated again and reflected, and I guessed the torture of her thoughts. She did not know. She only knew that she was to borrow five thousand francs of me for her husband. So she told a lie.

``Yes, he has written to me.''

``When, pray? You did not mention it to me yesterday.''

``I received his letter this morning.''

``Can you show it to me?''

``No; no -- no -- it contained private matters, things too personal to ourselves. I burned it.''

``So your husband runs into debt?''

She hesitated again, and then murmured: ``I do not know.''

Thereupon I said bluntly: ``I have not five thousand francs at my disposal at this moment, my dear cousin.''

She uttered a cry, as if she were in pair; and said: ``Oh! oh! I beseech you, I beseech you to get them for me.''

She got excited and clasped her hands as if she were praying to me! I heard her voice change its tone; she wept and sobbed, harassed and dominated by the irresistible order that she had received.

``Oh! oh! I beg you to -- if you knew what I am suffering -- I want them to-day.''

I had pity on her: ``You shall have them by and by, I swear to you.''

``Oh! thank you! thank you! How kind you are.''

Je repris : « Vous rappelez-vous ce qui s'est passé hier chez vous ?

– Oui.

– Vous rappelez-vous que le docteur Parent vous a endormie ?

– Oui.

– Eh bien, il vous a ordonné de venir m'emprunter ce matin cinq mille francs, et vous obéissez en ce moment à cette suggestion. »

Elle réfléchit quelques secondes et répondit : « Puisque c'est mon mari qui les demande. »

I continued: ``Do you remember what took place at your house last night?''

``Yes.''

``Do you remember that Dr. Parent sent you to sleep?''

``Yes.''

``Oh! Very well then; he ordered you to come to me this morning to borrow five thousand francs, and at this moment you are obeying that suggestion.''

She considered for a few moments, and then replied: ``But as it is my husband who wants them -- ''

Pendant une heure, j'essayai de la convaincre, mais je n'y pus parvenir. Quand elle fut partie, je courus chez le docteur. Il allait sortir ; et il m'écouta en souriant. Puis il dit :

« Croyez-vous maintenant ?

– Oui, il le faut bien.

– Allons chez votre parente. »

For a whole hour I tried to convince her, but could not succeed, and when she had gone I went to the doctor. He was just going out, and he listened to me with a smile, and said: ``Do you believe now?''

``Yes, I cannot help it.''

``Let us go to your cousin's.''

Elle sommeillait déjà sur une chaise longue, accablée de fatigue. Le médecin lui prit le pouls, la regarda quelque temps, une main levée vers ses yeux qu'elle ferma peu à peu sous l'effort insoutenable de cette puissance magnétique.

Quand elle fut endormie :

« Votre mari n'a plus besoin de cinq mille francs. Vous allez donc oublier que vous avez prié votre cousin de vous les prêter, et, s'il vous parle de cela, vous ne comprendrez pas. »

She was already resting on a couch, overcome with fatigue. The doctor felt her pulse, looked at her for some time with one hand raised toward her eyes, which she closed by degrees under the irresistible power of this magnetic influence. When she was asleep, he said:

``Your husband does not require the five thousand francs any longer! You must, therefore, forget that you asked your cousin to lend them to you, and, if he speaks to you about it, you will not understand him.''

Puis il la réveilla. Je tirai de ma poche un portefeuille :

« Voici, ma chère cousine, ce que vous m'avez demandé ce matin. »

Elle fut tellement surprise que je n'osai pas insister. J'essayai cependant de ranimer sa mémoire, mais elle nia avec force, crut que je me moquais d'elle, et faillit, à la fin, se fâcher.

Then he woke her up, and I took out a pocket-book and said: ``Here is what you asked me for this morning, my dear cousin.'' But she was so surprised, that I did not venture to persist; nevertheless, I tried to recall the circumstance to her, but she denied it vigorously, thought that I was making fun of her, and in the end, very nearly lost her temper.

Voilà ! je viens de rentrer ; et je n'ai pu déjeuner, tant cette expérience m'a bouleversé.

There! I have just come back, and I have not been able to eat any lunch, for this experiment has altogether upset me.

19 juillet. – Beaucoup de personnes à qui j'ai raconté cette aventure se sont moquées de moi. Je ne sais plus que penser. Le sage dit : Peut-être ?

July 19. Many people to whom I have told the adventure have laughed at me. I no longer know what to think. The wise man says: Perhaps?

21 juillet. – J'ai été dîner à Bougival, puis j'ai passé la soirée au bal des canotiers. Décidément, tout dépend des lieux et des milieux. Croire au surnaturel dans l'île de la Grenouillère, serait le comble de la folie... mais au sommet du mont SaintMichel ?... mais dans les Indes ? Nous subissons effroyablement l'influence de ce qui nous entoure. Je rentrerai chez moi la semaine prochaine.

July 21. I dined at Bougival, and then I spent the evening at a boatmen's ball. Decidedly everything depends on place and surroundings. It would be the height of folly to believe in the supernatural on the Ile de la Grenouillière.1 But on the top of Mont Saint-Michel or in India, we are terribly under the influence of our surroundings. I shall return home next week.

30 juillet. – Je suis revenu dans ma maison depuis hier. Tout va bien.

July 30. I came back to my own house yesterday. Everything is going on well.

2 août. – Rien de nouveau ; il fait un temps superbe. Je passe mes journées à regarder couler la Seine.

August 2. Nothing fresh; it is splendid weather, and I spend my days in watching the Seine flow past.

4 août. – Querelles parmi mes domestiques. Ils prétendent qu'on casse les verres, la nuit, dans les armoires. Le valet de chambre accuse la cuisinière, qui accuse la lingère, qui accuse les deux autres.

Quel est le coupable ? Bien fin qui le dirait !

August 4. Quarrels among my servants. They declare that the glasses are broken in the cupboards at night. The footman accuses the cook, she accuses the needlewoman, and the latter accuses the other two. Who is the culprit? It would take a clever person to tell.

6 août. – Cette fois, je ne suis pas fou. J'ai vu... j'ai vu... j'ai vu !... Je ne puis plus douter... j'ai vu !... J'ai encore froid jusque dans les ongles... j'ai encore peur jusque dans les moelles... j'ai vu !...

August 6. This time, I am not mad. I have seen -- I have seen -- I have seen! -- I can doubt no longer -- I have seen it!

Je me promenais à deux heures, en plein soleil, dans mon parterre de rosiers... dans l'allée des rosiers d'automne qui commencent à fleurir.

Comme je m'arrêtais à regarder un géant des batailles, qui portait trois fleurs magnifiques, je vis, je vis distinctement, tout près de moi, la tige d'une de ces roses se plier, comme si une main invisible l'eût tordue, puis se casser, comme si cette main l'eût cueillie ! Puis la fleur s'éleva, suivant une courbe qu'aurait décrite un bras en la portant vers une bouche, et elle resta suspendue dans l'air transparent, toute seule, immobile, effrayante tache rouge à trois pas de mes yeux.

Éperdu, je me jetai sur elle pour la saisir ! Je ne trouvai rien ; elle avait disparu. Alors je fus pris d'une colère furieuse contre moi-même ; car il n'est pas permis à un homme raisonnable et sérieux d'avoir de pareilles hallucinations.

I was walking at two o'clock among my rose-trees, in the full sunlight -- in the walk bordered by autumn roses which are beginning to fall. As I stopped to look at a Géant de Bataille, which had three splendid blooms, I distinctly saw the stalk of one of the roses bend close to me, as if an invisible hand had bent it, and then break, as if that hand had picked it! Then the flower raised itself, following the curve which a hand would have described in carrying it toward a mouth, and remained suspended in the transparent air, alone and motionless, a terrible red spot, three yards from my eyes. In desperation I rushed at it to take it! I found nothing; it had disappeared. Then I was seized with furious rage against myself, for it is not wholesome for a reasonable and serious man to have such hallucinations.

Mais était-ce bien une hallucination ? Je me retournai pour chercher la tige, et je la retrouvai immédiatement sur l'arbuste, fraîchement brisée entre les deux autres roses demeurées à la branche.

Alors, je rentrai chez moi l'âme bouleversée, car je suis certain, maintenant, certain comme de l'alternance des jours et des nuits, qu'il existe près de moi un être invisible, qui se nourrit de lait et d'eau, qui peut toucher aux choses, les prendre et les changer de place, doué par conséquent d'une nature matérielle, bien qu'imperceptible pour nos sens, et qui habite comme moi, sous mon toit...

But was it a hallucination? I turned to look for the stalk, and I found it immediately under the bush, freshly broken, between the two other roses which remained on the branch. I returned home, then, with a much disturbed mind; for I am certain now, certain as I am of the alternation of day and night, that there exists close to me an invisible being who lives on milk and on water, who can touch objects, take them and change their places; who is, consequently, endowed with a material nature, although imperceptible to sense, and who lives as I do, under my roof –

7 août. – J'ai dormi tranquille. Il a bu l'eau de ma carafe, mais n'a point troublé mon sommeil.

August 7. I slept tranquilly. He drank the water out of my decanter, but did not disturb my sleep.

Je me demande si je suis fou. En me promenant, tantôt au grand soleil, le long de la rivière, des doutes me sont venus sur ma raison, non point des doutes vagues comme j'en avais jusqu'ici, mais des doutes précis, absolus. J'ai vu des fous ; j'en ai connu qui restaient intelligents, lucides, clairvoyants même sur toutes les choses de la vie, sauf sur un point. Ils parlaient de tout avec clarté, avec souplesse, avec profondeur, et soudain leur pensée, touchant l'écueil de leur folie s'y déchirait en pièces, s'éparpillait et sombrait dans cet océan effrayant et furieux, plein de vagues bondissantes, de brouillards, de bourrasques, qu'on nomme « la démence ».

I ask myself whether I am mad. As I was walking just now in the sun by the riverside, doubts as to my own sanity arose in me; not vague doubts such as I have had hitherto, but precise and absolute doubts. I have seen mad people, and I have known some who were quite intelligent, lucid, even clear-sighted in every concern of life, except on one point. They could speak clearly, readily, profoundly on everything; till their thoughts were caught in the breakers of their delusions and went to pieces there, were dispersed and swamped in that furious and terrible sea of fogs and squalls which is called madness.

Certes, je me croirais fou, absolument fou, si je n'étais conscient, si je ne connaissais parfaitement mon état, si je ne le sondais en l'analysant avec une complète lucidité. Je ne serais donc, en somme, qu'un halluciné raisonnant. Un trouble inconnu se serait produit dans mon cerveau, un de ces troubles qu'essaient de noter et de préciser aujourd'hui les physiologistes ; et ce trouble aurait déterminé dans mon esprit, dans l'ordre et la logique de mes idées, une crevasse profonde. Des phénomènes semblables ont lieu dans le rêve qui nous promène à travers les fantasmagories les plus invraisemblables, sans que nous en soyons surpris, parce que l'appareil vérificateur, parce que le sens du contrôle est endormi ; tandis que la faculté imaginative veille et travaille.

I certainly should think that I was mad, absolutely mad, if I were not conscious that I knew my state, if I could not fathom it and analyze it with the most complete lucidity. I should, in fact, be a reasonable man laboring under a hallucination. Some unknown disturbance must have been excited in my brain, one of those disturbances which physiologists of the present day try to note and to fix precisely, and that disturbance must have caused a profound gulf in my mind and in the order and logic of my ideas. Similar phenomena occur in dreams, and lead us through the most unlikely phantasmagoria, without causing us any surprise, because our verifying apparatus and our sense of control have gone to sleep, while our imaginative faculty wakes and works.

Ne se peut-il pas qu'une des imperceptibles touches du clavier cérébral se trouve paralysée chez moi ? Des hommes, à la suite d'accidents, perdent la mémoire des noms propres ou des verbes ou des chiffres, ou seulement des dates. Les localisations de toutes les parcelles de la pensée sont aujourd'hui prouvées. Or, quoi d'étonnant à ce que ma faculté de contrôler l'irréalité de certaines hallucinations, se trouve engourdie chez moi en ce moment !

Was it not possible that one of the imperceptible keys of the cerebral finger-board had been paralyzed in me? Some men lose the recollection of proper names, or of verbs, or of numbers, or merely of dates, in consequence of an accident. The localization of all the avenues of thought has been accomplished nowadays; what, then, would there be surprising in the fact that my faculty of controlling the unreality of certain hallucinations should be destroyed for the time being?

Je songeais à tout cela en suivant le bord de l'eau. Le soleil couvrait de clarté la rivière, faisait la terre délicieuse, emplissait mon regard d'amour pour la vie, pour les hirondelles, dont l'agilité est une joie de mes yeux, pour les herbes de la rive dont le frémissement est un bonheur de mes oreilles.

I thought of all this as I walked by the side of the water. The sun was shining brightly on the river and made earth delightful, while it filled me with love for life, for the swallows, whose swift agility is always delightful in my eyes, for the plants by the riverside, whose rustling is a pleasure to my ears.

Peu à peu, cependant, un malaise inexplicable me pénétrait. Une force, me semblait-il, une force occulte m'engourdissait, m'arrêtait, m'empêchait d'aller plus loin, me rappelait en arrière. J'éprouvais ce besoin douloureux de rentrer qui vous oppresse, quand on a laissé au logis un malade aimé, et que le pressentiment vous saisit d'une aggravation de son mal.

By degrees, however, an inexplicable feeling of discomfort seized me. It seemed to me as if some unknown force were numbing and stopping me, were preventing me from going further and were calling me back. I felt that painful wish to return which comes on you when you have left a beloved invalid at home, and are seized by a presentiment that he is worse.

Donc, je revins malgré moi, sûr que j'allais trouver, dans ma maison, une mauvaise nouvelle, une lettre ou une dépêche. Il n'y avait rien ; et je demeurai plus surpris et plus inquiet que si j'avais eu de nouveau quelque vision fantastique.

I, therefore, returned despite of myself, feeling certain that I should find some bad news awaiting me, a letter or a telegram. There was nothing, however, and I was surprised and uneasy, more so than if I had had another fantastic vision.

8 août. – J'ai passé hier une affreuse soirée. Il ne se manifeste plus, mais je le sens près de moi, m'épiant, me regardant, me pénétrant, me dominant et plus redoutable, en se cachant ainsi, que s'il signalait par des phénomènes surnaturels sa présence invisible et constante. J'ai dormi, pourtant.

August 8. I spent a terrible evening, yesterday. He does not show himself any more, but I feel that He is near me, watching me, looking at me, penetrating me, dominating me, and more terrible to me when He hides himself thus than if He were to manifest his constant and invisible presence by supernatural phenomena. However, I slept.

9 août. – Rien, mais j'ai peur.

August 9. Nothing, but I am afraid.

10 août. – Rien ; qu'arrivera-t-il demain ?

August 10. Nothing; but what will happen to-morrow?

11 août. – Toujours rien ; je ne puis plus rester chez moi avec cette crainte et cette pensée entrées en mon âme ; je vais partir.

August 11. Still nothing. I cannot stop at home with this fear hanging over me and these thoughts in my mind; I shall go away.

12 août, 10 heures du soir. – Tout le jour j'ai voulu m'en aller ; je n'ai pas pu. J'ai voulu accomplir cet acte de liberté si facile, si simple, – sortir – monter dans ma voiture pour gagner Rouen –je n'ai pas pu. Pourquoi ?

August 12. Ten o'clock at night. All day long I have been trying to get away, and have not been able. I contemplated a simple and easy act of liberty, a carriage ride to Rouen -- and I have not been able to do it. What is the reason?

13 août. – Quand on est atteint par certaines maladies, tous les ressorts de l'être physique semblent brisés, toutes les énergies anéanties, tous les muscles relâchés, les os devenus mous comme la chair et la chair liquide comme de l'eau. J'éprouve cela dans mon être moral d'une façon étrange et désolante. Je n'ai plus aucune force, aucun courage, aucune domination sur moi aucun pouvoir même de mettre en mouvement ma volonté. Je ne peux plus vouloir ; mais quelqu'un veut pour moi ; et j'obéis.

August 13. When one is attacked by certain maladies, the springs of our physical being seem broken, our energies destroyed, our muscles relaxed, our bones to be as soft as our flesh, and our blood as liquid as water. I am experiencing the same in my moral being, in a strange and distressing manner. I have no longer any strength, any courage, any self-control, nor even any power to set my own will in motion. I have no power left to will anything, but some one does it for me and I obey.

14 août. – Je suis perdu ! Quelqu'un possède mon âme et la gouverne ! quelqu'un ordonne tous mes actes, tous mes mouvements, toutes mes pensées. Je ne suis plus rien en moi, rien qu'un spectateur esclave et terrifié de toutes les choses que j'accomplis. Je désire sortir. Je ne peux pas. Il ne veut pas ; et je reste, éperdu, tremblant, dans le fauteuil où il me tient assis. Je désire seulement me lever, me soulever, afin de me croire maître de moi. Je ne peux pas ! Je suis rivé à mon siège et mon siège adhère au sol, de telle sorte qu'aucune force ne nous soulèverait.

August 14. I am lost! Somebody possesses my soul and governs it! Somebody orders all my acts, all my movements, all my thoughts. I am no longer master of myself, nothing except an enslaved and terrified spectator of the things which I do. I wish to go out; I cannot. He does not wish to; and so I remain, trembling and distracted in the armchair in which he keeps me sitting. I merely wish to get up and to rouse myself, so as to think that I am still master of myself: I cannot! I am riveted to my chair, and my chair adheres to the floor in such a manner that no force of mine can move us.

Puis, tout d'un coup, il faut, il faut, il faut que j'aille au fond de mon jardin cueillir des fraises et les manger. Et j'y vais. Je cueille des fraises et je les mange ! Oh ! mon Dieu ! Mon Dieu ! Mon Dieu !Est-il un Dieu ? S'il en est un, délivrez-moi, sauvez moi ! secourez-moi ! Pardon ! Pitié ! Grâce ! Sauvez-moi ! Oh ! quelle souffrance ! quelle torture ! quelle horreur !

Then suddenly, I must, I must go to the foot of my garden to pick some strawberries and eat them -- and I go there. I pick the strawberries and I eat them! Oh! my God! my God! Is there a God? If there be one, deliver me! save me! secure me! Pardon! Pity! Mercy! Save me! Oh! what sufferings! what torture! what horror!

15 août. – Certes, voilà comment était possédée et dominée ma pauvre cousine, quand elle est venue m'emprunter cinq mille francs. Elle subissait un vouloir étranger entré en elle, comme une autre âme, comme une autre âme parasite et dominatrice. Est-ce que le monde va finir ?

August 15. Certainly this is the way in which my poor cousin was possessed and swayed, when she came to borrow five thousand francs of me. She was under the power of a strange will which had entered into her, like another soul, a parasitic and ruling soul. Is the world coming to an end?

Mais celui qui me gouverne, quel est-il, cet invisible ? cet inconnaissable, ce rôdeur d'une race surnaturelle ?

But who is he, this invisible being that rules me, this unknowable being, this rover of a supernatural race?

Donc les Invisibles existent ! Alors, comment depuis l'origine du monde ne se sont-ils pas encore manifestés d'une façon précise comme ils le font pour moi ? Je n'ai jamais rien lu qui ressemble à ce qui s'est passé dans ma demeure. Oh ! si je pouvais la quitter, si je pouvais m'en aller, fuir et ne pas revenir. Je serais sauvé, mais je ne peux pas.

Invisible beings exist, then! how is it, then, that since the beginning of the world they have never manifested themselves in such a manner as they do to me? I have never read anything that resembles what goes on in my house. Oh! If I could only leave it, if I could only go away and flee, and never return, I should be saved; but I cannot.

16 août. – J'ai pu m'échapper aujourd'hui pendant deux heures, comme un prisonnier qui trouve ouverte, par hasard, la porte de son cachot. J'ai senti que j'étais libre tout à coup et qu'il était loin. J'ai ordonné d'atteler bien vite et j'ai gagné Rouen. Oh !quelle joie de pouvoir dire à un homme qui obéit :

« Allez à Rouen ! »

August 16. I managed to escape to-day for two hours, like a prisoner who finds the door of his dungeon accidentally open. I suddenly felt that I was free and that He was far away, and so I gave orders to put the horses in as quickly as possible, and I drove to Rouen. Oh! how delightful to be able to say to my coachman: ``Go to Rouen!''

Je me suis fait arrêter devant la bibliothèque et j'ai prié qu'on me prêtât le grand traité du docteur Hermann Herestauss sur les habitants inconnus du monde antique et moderne.

I made him pull up before the library, and I begged them to lend me Dr. Herrmann Herestauss's treatise on the unknown inhabitants of the ancient and modern world.

Puis, au moment de remonter dans mon coupé, j'ai voulu dire : « À la gare ! » et j'ai crié, – je n'ai pas dit, j'ai crié – d'une voix si forte que les passants se sont retournés : « À la maison », et je suis tombé, affolé d'angoisse, sur le coussin de ma voiture. Il m'avait retrouvé et repris.

Then, as I was getting into my carriage, I intended to say: ``To the railway station!'' but instead of this I shouted -- I did not speak; but I shouted -- in such a loud voice that all the passers-by turned round: ``Home!'' and I fell back on to the cushion of my carriage, overcome by mental agony. He had found me out and regained possession of me.

17 août. – Quelle nuit ! quelle nuit ! Et pourtant il me semble que je devrais me réjouir. Jusqu'à une heure du matin, j'ai lu ! Hermann Herestauss, docteur en philosophie et en théogonie, a écrit l'histoire et les manifestations de tous les êtres invisibles rôdant autour de l'homme ou rêvés par lui. Il décrit leurs origines, leur domaine, leur puissance. Mais aucun d'eux ne ressemble à celui qui me hante. On

dirait que l'homme, depuis qu'il pense, a pressenti et redouté un être nouveau, plus fort que lui, son successeur en ce monde, et que, le sentant proche et ne pouvant prévoir la nature de ce maître, il a créé, dans sa terreur, tout le peuple fantastique des êtres occultes, fantôme vagues nés de la peur.

August 17. Oh! What a night! what a night! And yet it seems to me that I ought to rejoice. I read until one o'clock in the morning! Herestauss, Doctor of Philosophy and Theogony, wrote the history and the manifestation of all those invisible beings which hover around man, or of whom he dreams. He describes their origin, their domains, their power; but none of them resembles the one which haunts me. One might say that man, ever since he has thought, has had a foreboding and a fear of a new being, stronger than himself, his successor in this world, and that, feeling him near, and not being able to foretell the nature of the unseen one, he has, in his terror, created the whole race of hidden beings, vague phantoms born of fear.

Donc, ayant lu jusqu'à une heure du matin, j'ai été m'asseoir ensuite auprès de ma fenêtre ouverte pour rafraîchir mon front et ma pensée au vent calme de l'obscurité.

Il faisait bon, il faisait tiède ! Comme j'aurais aimé cette nuit-là autrefois !

Having, therefore, read until one o'clock in the morning, I went and sat down at the open window, in order to cool my forehead and my thoughts in the calm night air. It was very pleasant and warm! How I should have enjoyed such a night formerly!

Pas de lune. Les étoiles avaient au fond du ciel noir des scintillements frémissants. Qui habite ces mondes ? Quelles formes, quels vivants, quels animaux, quelles plantes sont là-bas ? Ceux qui pensent dans ces univers lointains, que savent-ils plus que nous ? Que peuvent-ils plus que nous ? Que voient-ils que nous ne connaissons point ? Un d'eux, un jour ou l'autre, traversant l'espace, n'apparaîtra-til pas sur notre terre pour la conquérir, comme les Normands jadis traversaient la mer pour asservir des peuples plus faibles ?

There was no moon, but the stars darted out their rays in the dark heavens. Who inhabits those worlds? What forms, what living beings, what animals are there yonder? Do those who are thinkers in those distant worlds know more than we do? What can they do more than we? What do they see which we do not? Will not one of them, some day or other, traversing space, appear on our earth to conquer it, just as formerly the Norsemen crossed the sea in order to subjugate nations feebler than themselves?

Nous sommes si infirmes, si désarmés, si ignorants, si petits, nous autres, sur ce grain de boue qui tourne délayé dans une goutte d'eau.

We are so weak, so powerless, so ignorant, so small -- we who live on this particle of mud which revolves in liquid air.

Je m'assoupis en rêvant ainsi au vent frais du soir. Or, ayant dormi environ quarante minutes, je rouvris les yeux sans faire un mouvement, réveillé par je ne sais quelle émotion confuse et bizarre. Je ne vis rien d'abord, puis, tout à coup, il me sembla qu'une page du livre resté ouvert sur ma table venait de tourner toute seule. Aucun souffle d'air n'était entré par ma fenêtre. Je fus surpris et j'attendis. Au bout de quatre minutes environ, je vis, je vis, oui, je vis de mes yeux une autre page se soulever et se rabattre sur la précédente, comme si un doigt l'eût feuilletée. Mon fauteuil était vide, semblait vide ; mais je compris qu'il était là, lui, assis à ma place, et qu'il lisait. D'un bond furieux, d'un bond de bête révoltée, qui va éventrer son dompteur, je traversai ma chambre pour le saisir, pour l'étreindre, pour le tuer !...

Mais mon siège, avant que je l'eusse atteint, se renversa comme si on eût fui devant moi... ma table oscilla, ma lampe tomba et s'éteignit, et ma fenêtre se ferma comme si un malfaiteur surpris se fût élancé dans la nuit, en prenant à pleines mains les battants.

I fell asleep, dreaming thus in the cool night air, and then, having slept for about three quarters of an hour, I opened my eyes without moving, awakened by an indescribably confused and strange sensation. At first I saw nothing, and then suddenly it appeared to me as if a page of the book, which had remained open on my table, turned over of its own accord. Not a breath of air had come in at my window, and I was surprised and waited. In about four minutes, I saw, I saw -- yes I saw with my own eyes -- another page lift itself up and fall down on the others, as if a finger had turned it over. My armchair was empty, appeared empty, but I knew that He was there, He, and sitting in my place, and that He was reading. With a furious bound, the bound of an enraged wild beast that wishes to disembowel its tamer, I crossed my room to seize him, to strangle him, to kill him! But before I could reach it, my chair fell over as if somebody had run away from me. My table rocked, my lamp fell and went out, and my window closed as if some thief had been surprised and had fled out into the night, shutting it behind him.

Donc, il s'était sauvé ; il avait eu peur, peur de moi, lui !

Alors... alors... demain... ou après... ou un jour quelconque, je pourrai donc le tenir sous mes poings, et l'écraser contre le sol ! Est-ce que les chiens, quelquefois, ne mordent point et n'étranglent pas leurs maîtres ?

So He had run away; He had been afraid; He, afraid of me!

So tomorrow, or later -- some day or other, I should be able to hold him in my clutches and crush him against the ground! Do not dogs occasionally bite and strangle their masters?

18 août. – J'ai songé toute la journée. Oh ! oui je vais lui obéir, suivre ses impulsions, accomplir toutes ses volontés, me faire humble, soumis, lâche. Il est le plus fort. Mais une heure viendra...

August 18. I have been thinking the whole day long. Oh! yes, I will obey Him, follow His impulses, fulfill all His wishes, show myself humble, submissive, a coward. He is the stronger; but an hour will come.

19 août. – Je sais... je sais... je sais tout ! Je viens de lire ceci dans la Revue du Monde scientifique :

« Une nouvelle assez curieuse nous arrive de Rio de Janeiro. Une folie, une épidémie de folie, comparable aux démences contagieuses qui atteignirent les peuples d'Europe au moyen âge, sévit en ce moment dans la province de San-Paulo. Les habitants éperdus quittent leurs maisons, désertent leurs villages, abandonnent leurs cultures, se disant poursuivis, possédés, gouvernés comme un bétail humain par des êtres invisibles bien que tangibles, des sortes de vampires qui se nourrissent de leur vie, pendant leur sommeil, et qui boivent en outre de l'eau et du lait sans paraître toucher à aucun autre aliment.

August 19. I know, I know, I know all! I have just read the following in the ``Revue du Monde Scientifique'': ``A curious piece of news comes to us from Rio de Janeiro. Madness, an epidemic of madness, which may be compared to that contagious madness which attacked the people of Europe in the Middle Ages, is at this moment raging in the Province of San-Paulo. The frightened inhabitants are leaving their houses, deserting their villages, abandoning their land, saying that they are pursued, possessed, governed like human cattle by invisible, though tangible beings, by a species of vampire, which feeds on their life while they are asleep, and which, besides, drinks water and milk without appearing to touch any other nourishment.

« M. le professeur Don Pedro Henriquez, accompagné de plusieurs savants médecins, est parti pour la province de San-Paulo afin d'étudier sur place les origines et les manifestations de cette surprenante folie, et de proposer à l'Empereur les mesures qui lui paraîtront le plus propres à rappeler à la raison ces populations en délire. »

``Professor Don Pedro Henriques, accompanied by several medical savants, has gone to the Province of San-Paulo, in order to study the origin and the manifestations of this surprising madness on the spot, and to propose such measures to the Emperor as may appear to him to be most fitted to restore the mad population to reason.''

Ah ! Ah ! je me rappelle, je me rappelle le beau trois-mâts brésilien qui passa sous mes fenêtres en remontant la Seine, le 8 mai dernier ! Je le trouvais si joli, si blanc, si gai ! L'Être était dessus, venant de là-bas, où sa race est née ! Et il m'a vu ! Il a vu ma demeure blanche aussi ; et il a sauté du navire sur la rive. Oh ! mon Dieu !

Ah! Ah! I remember now that fine Brazilian three-master which passed in front of my windows as it was going up the Seine, on the eighth of last May! I thought it looked so pretty, so white and bright! That Being was on board of her, coming from there, where its race sprang from. And it saw me! It saw my house, which was also white, and He sprang from the ship on to the land. Oh! Good heavens!

À présent, je sais, je devine. Le règne de l'homme est fini. Il est venu, Celui que redoutaient les premières terreurs des peuples naïfs, Celui qu'exorcisaient les prêtres inquiets, que les sorciers évoquaient par les nuits sombres, sans le voir apparaître encore, à qui les pressentiments des maîtres passagers du monde prêtèrent toutes les formes monstrueuses ou gracieuses des gnomes, des esprits, des génies, des fées, des farfadets. Après les grossières conceptions de l'épouvante primitive, des hommes plus perspicaces l'ont pressenti plus clairement.

Mesmer l'avait deviné et les médecins, depuis dix ans déjà, ont découvert, d'une façon précise, la nature de sa puissance avant qu'il l'eût exercée lui-même. Ils ont joué avec cette arme du Seigneur nouveau, la domination d'un mystérieux vouloir sur l'âme humaine devenue esclave. Ils ont appelé cela magnétisme, hypnotisme, suggestion... que sais-je ?

Je le ai vus s'amuser comme des enfants imprudents avec cette horrible puissance ! Malheur à nous ! Malheur à l'homme ! Il est venu, le... le... comment se nomme-t-il... le... il me semble qu'il me crie Son nom, et je ne l'entends pas... le... oui... il le crie...

J'écoute... je ne peux pas... répète... le... Horla... J'ai entendu... le Horla... c'est lui... le Horla... il est venu !...

Now I know, I can divine. The reign of man is over, and he has come. He whom disquieted priests exorcised, whom sorcerers evoked on dark nights, without seeing him appear, He to whom the imaginations of the transient masters of the world lent all the monstrous or graceful forms of gnomes, spirits, genii, fairies, and familiar spirits. After the coarse conceptions of primitive fear, men more enlightened gave him a truer form. Mesmer divined him, and ten years ago physicians accurately discovered the nature of his power, even before He exercised it himself. They played with that weapon of their new Lord, the sway of a mysterious will over the human soul, which had become enslaved. They called it mesmerism, hypnotism, suggestion, I know not what? I have seen them diverting themselves like rash children with this horrible power! Woe to us! Woe to man! He has come, the -- the -- what does He call himself -- the -- I fancy that he is shouting out his name to me and I do not hear him -- the -- yes -- He is shouting it out -- I am listening -- I cannot -- repeat -- it -- Horla -- I have heard -- the Horla -- it is He -- the Horla -- He has come! --

Ah ! le vautour a mangé la colombe ; le loup a mangé le mouton ; le lion a dévoré le buffle aux cornes aiguës ; l'homme a tué le lion avec la flèche, avec le glaive, avec la poudre ; mais le Horla va faire de l'homme ce que nous avons fait du cheval et du bœuf : sa chose, son serviteur et sa nourriture, par la seule puissance de sa volonté. Malheur à nous !

Ah ! the vulture has eaten the pigeon, the wolf has eaten the lamb; the lion has devoured the sharp-horned buffalo; man has killed the lion with an arrow, with a spear, with gunpowder; but the Horla will make of man what man has made of the horse and of the ox: his chattel, his slave, and his food, by the mere power of his will. Woe to us!

Pourtant, l'animal, quelquefois, se révolte et tue celui qui l'a dompté... moi aussi je veux... je pourrai... mais il faut le connaître, le toucher, le voir ! Les savants disent que l'œil de la bête, différent du nôtre, ne distingue point comme le nôtre... Et mon œil à moi ne peut distinguer le nouveau venu qui m'opprime.

But, nevertheless, sometimes the animal rebels and kills the man who has subjugated it. I should also like -- I shall be able to -- but I must know Him, touch Him, see Him! Learned men say that eyes of animals, as they differ from ours, do not distinguish as ours do. And my eye cannot distinguish this newcomer who is oppressing me.

Pourquoi ? Oh ! je me rappelle à présent les paroles du moine du mont Saint-Michel : « Est-ce que nous voyons la cent millième partie de ce qui existe ? Tenez, voici le vent qui est la plus grande force de la nature, qui renverse les hommes, abat les édifices, déracine les arbres, soulève la mer en montagnes d'eau, détruit les falaises et jette aux brisants les grands navires, le vent qui tue, qui siffle, qui gémit, qui mugit, l'avez-vous vu et pouvez-vous le voir : il existe pourtant ! »

Why? Oh! Now I remember the words of the monk at Mont Saint-Michel: ``Can we see the hundred-thousandth part of what exists? Listen; there is the wind which is the strongest force in nature; it knocks men down, blows down buildings, uproots trees, raises the sea into mountains of water, destroys cliffs, and casts great ships on to the breakers; it kills, it whistles, it sighs, it roars, -- have you ever seen it, and can you see it? It exists for all that, however!'

Et je songeais encore : mon œil est si faible, si imparfait, qu'il ne distingue même point les corps durs, s'ils sont transparents comme le verre !...

Qu'une glace sans tain barre mon chemin, il me jette dessus comme l'oiseau entré dans une chambre se casse la tête aux vitres. Mille choses en outre le trompent et l'égarent ? Quoi d'étonnant, alors, à ce qu'il ne sache point apercevoir un corps nouveau que la lumière traverse.

And I went on thinking: my eyes are so weak, so imperfect, that they do not even distinguish hard bodies, if they are as transparent as glass! If a glass without quicksilver behind it were to bar my way, I should run into it, just like a bird which has flown into a room breaks its head against the windowpanes. A thousand things, moreover, deceive a man and lead him astray. How then is it surprising that he cannot perceive a new body which is penetrated and pervaded by the light?

Un être nouveau ! pourquoi pas ? Il devait venir assurément ! pourquoi serions-nous les derniers ! Nous ne le distinguons point, ainsi que tous les autres créés avant nous ? C'est que sa nature est plus parfaite, son corps plus fin et plus fini que le nôtre, que le nôtre si faible, si maladroitement conçu, encombré d'organes toujours fatigués, toujours forcés comme des ressorts trop complexes, que le nôtre, qui vit comme une plante et comme une bête, en se nourrissant péniblement d'air, d'herbe et de viande, machine animale en proie aux maladies, aux déformations, aux putréfactions, poussive, mal réglée, naïve et bizarre, ingénieusement mal faite, œuvre grossière et délicate, ébauche d'être qui pourrait devenir intelligent et superbe.

A new being! Why not? It was assuredly bound to come! Why should we be the last? We do not distinguish it, like all the others created before us? The reason is, that its nature is more delicate, its body finer and more finished than ours. Our makeup is so weak, so awkwardly conceived; our body is encumbered with organs that are always tired, always being strained like locks that are too complicated; it lives like a plant and like an animal nourishing itself with difficulty on air, herbs, and flesh; it is a brute machine which is a prey to maladies, to malformations, to decay; it is broken-winded, badly regulated, simple and eccentric, ingeniously yet badly made, a coarse and yet a delicate mechanism, in brief, the outline of a being which might become intelligent and great.

Nous sommes quelques-uns, si peu sur ce monde, depuis l'huître jusqu'à l'homme. Pourquoi pas un de plus, une fois accomplie la période qui sépare les apparitions successives de toutes les espèces diverses ?

There are only a few -- so few -- stages of development in this world, from the oyster up to man. Why should there not be one more, when once that period is accomplished which separates the successive products one from the other?

Pourquoi pas un de plus ? Pourquoi pas aussi d'autres arbres aux fleurs immenses, éclatantes et parfumant des régions entières ? Pourquoi pas d'autres éléments que le feu, l'air, la terre et l'eau ?

— Ils sont quatre, rien que quatre, ces pères nourriciers des êtres ! Quelle pitié ! Pourquoi ne sont-ils pas quarante, quatre cents, quatre mille ! Comme tout est pauvre, mesquin, misérable ! avarement donné, sèchement inventé, lourdement fait ! Ah ! l'éléphant, l'hippopotame, que de grâce ! Le chameau, que d'élégance !

Why not one more? Why not, also, other trees with immense, splendid flowers, perfuming whole regions? Why not other elements beside fire, air, earth, and water? There are four, only four, nursing fathers of various beings! What a pity! Why should not there be forty, four hundred, four thousand! How poor everything is, how mean and wretched -- grudgingly given, poorly invented, clumsily made! Ah! the elephant and the hippopotamus, what power! And the camel, what suppleness!

Mais direz-vous, le papillon ! une fleur qui vole !

J'en rêve un qui serait grand comme cent univers, avec des ailes dont je ne puis même exprimer la forme, la beauté, la couleur et le mouvement. Mais je le vois... il va d'étoile en étoile, les rafraîchissant et les embaumant au souffle harmonieux et léger de sa course !... Et les peuples de là-haut le regardent passer, extasiés et ravis !

But the butterfly, you will say, a flying flower! I dream of one that should be as large as a hundred worlds, with wings whose shape, beauty, colors, and motion I cannot even express. But I see it -- it flutters from star to star, refreshing them and perfuming them with the light and harmonious breath of its flight! And the people up there gaze at it as it passes in an ecstasy of delight!

Qu'ai-je donc ? C'est lui, lui, le Horla, qui me hante, qui me fait penser ces folies ! Il est en moi, il devient mon âme ; je le tuerai !

What is the matter with me? It is He, the Horla who haunts me, and who makes me think of these foolish things! He is within me, He is becoming my soul; I shall kill him!

19 août. – Je le tuerai. Je l'ai vu ! je me suis assis hier soir, à ma table ; et je fis semblant d'écrire avec une grande attention. Je savais bien qu'il viendrait rôder autour de moi, tout près, si près que je pourrais peut-être le toucher, le saisir ? Et alors !... alors, j'aurais la force des désespérés ; j'aurais mes mains, mes genoux, ma poitrine, mon front, mes dents pour l'étrangler, l'écraser, le mordre, le déchirer. Et je le guettais avec tous mes organes surexcités.

August 20. I shall kill Him. I have seen Him! Yesterday I sat down at my table and pretended to write very assiduously. I knew quite well that He would come prowling round me, quite close to me, so close that I might perhaps be able to touch him, to seize him. And then -- then I should have the strength of desperation; I should have my hands, my knees, my chest, my forehead, my teeth to strangle him, to crush him, to bite him, to tear him to pieces. And I watched for him with all my overexcited nerves.

J'avais allumé mes deux lampes et les huit bougies de ma cheminée, comme si j'eusse pu, dans cette clarté, le découvrir. En face de moi, mon lit, un vieux lit de chêne à colonnes ; à droite, ma cheminée ; à gauche, ma porte fermée avec soin, après l'avoir laissée longtemps ouverte, afin de l'attirer ; derrière moi, une très haute armoire à glace, qui me servait chaque jour pour me raser, pour m'habiller, et où j'avais coutume de me regarder, de la tête aux pieds, chaque fois que je passais devant.

I had lighted my two lamps and the eight wax candles on my mantelpiece, as if, by this light I should discover Him.

My bed, my old oak bed with its columns, was opposite to me; on my right was the fireplace; on my left the door, which was carefully closed, after I had left it open for some time, in order to attract Him;

behind me was a very high wardrobe with a looking-glass in it, which served me to dress by every day, and in which I was in the habit of inspecting myself from head to foot every time I passed it.

Donc, je faisais semblant d'écrire, pour le tromper, car il m'épiait lui aussi ; et soudain, je sentis, je fus certain qu'il lisait par-dessus mon épaule, qu'il était là, frôlant mon oreille.

So I pretended to be writing in order to deceive Him, for He also was watching me, and suddenly I felt, I was certain, that He was reading over my shoulder, that He was there, almost touching my ear.

Je me dressai, les mains tendues, en me tournant si vite que je faillis tomber. Eh bien ?... on y voyait comme en plein jour, et je ne me vis pas dans ma glace !... Elle était vide, claire, profonde, pleine de lumière ! Mon image n'était pas dedans... et j'étais en face, moi ! Je voyais le grand verre limpide du haut en bas. Et je regardais cela avec des yeux affolés ; et je n'osais plus avancer, je n'osais plus faire un mouvement, sentant bien pourtant qu'il était là, mais qu'il m'échapperait encore, lui dont le corps imperceptible avait dévoré mon reflet.

I got up so quickly, with my hands extended, that I almost fell. Horror! It was as bright as at midday, but I did not see myself in the glass! It was empty, clear, profound, full of light! But my figure was not reflected in it -- and I, I was opposite to it! I saw the large, clear glass from top to bottom, and I looked at it with unsteady eyes. I did not dare advance; I did not venture to make a movement; feeling certain, nevertheless, that He was there, but that He would escape me again, He whose imperceptible body had absorbed my reflection.

Comme j'eus peur ! Puis voilà que tout à coup je commençai à m'apercevoir dans une brume, au fond du miroir, dans une brume comme à travers une nappe d'eau ; et il me semblait que cette eau glissait de gauche à droite, lentement, rendant plus précise mon image, de seconde en seconde. C'était comme la fin d'une éclipse. Ce qui me cachait ne paraissait point posséder de contours nettement arrêtés, mais une sorte de transparence opaque, s'éclaircissant peu à peu.

How frightened I was! And then suddenly I began to see myself through a mist in the depths of the looking-glass, in a mist as it were, or through a veil of water; and it seemed to me as if this water were flowing slowly from left to right, and making my figure clearer every moment. It was like the end of an eclipse. Whatever hid me did not appear to possess any clearly defined outlines, but was a sort of opaque transparency, which gradually grew clearer.

Je pus enfin me distinguer complètement, ainsi que je le fais chaque jour en me regardant.

Je l'avais vu ! L'épouvante m'en est restée, qui me fait encore frissonner.

At last I was able to distinguish myself completely, as I do every day when I look at myself.

I had seen Him! And the horror of it remained with me, and makes me shudder even now.

20 août. – Le tuer, comment ? puisque je ne peux l'atteindre ? Le poison ? mais il me verrait le mêler à l'eau ; et nos poisons, d'ailleurs, auraient-ils un effet sur son corps imperceptible ? Non... non... sans aucun doute... Alors ?... alors ?...

August 21. How could I kill Him, since I could not get hold of Him? Poison? But He would see me mix it with the water; and then, would our poisons have any effect on His impalpable body? No -- no -- no doubt about the matter. Then? -- then?

21 août. – J'ai fait venir un serrurier de Rouen et lui ai commandé pour ma chambre des persiennes de fer, comme en ont, à Paris, certains hôtels particuliers, au rez-de-chaussée, par crainte des voleurs. Il me fera, en outre, une porte pareille. Je me suis donné pour un poltron, mais je m'en moque !...

August 22. I sent for a blacksmith from Rouen and ordered iron shutters of him for my room, such as some private hotels in Paris have on the ground floor, for fear of thieves, and he is going to make me a similar door as well. I have made myself out a coward, but I do not care about that!

10 septembre. – Rouen, hôtel Continental. C'est fait... c'est fait... mais est-il mort ? J'ai l'âme bouleversée de ce que j'ai vu.

September 10. Rouen, Hotel Continental. It is done; it is done -- but is He dead? My mind is thoroughly upset by what I have seen.

Hier donc, le serrurier ayant posé ma persienne et ma porte de fer, j'ai laissé tout ouvert, jusqu'à minuit, bien qu'il commençât à faire froid.

Well then, yesterday, the locksmith having put on the iron shutters and door, I left everything open until midnight, although it was getting cold.

Tout à coup, j'ai senti qu'il était là, et une joie, une joie folle m'a saisi. Je me suis levé lentement, et j'ai marché à droite, à gauche, longtemps pour qu'il ne devinât rien ; puis j'ai ôté mes bottines et mis mes savates avec négligence ; puis j'ai fermé ma persienne de fer, et revenant à pas tranquilles vers la porte, j'ai fermé la porte aussi à double tour.

Retournant alors vers la fenêtre, je la fixai par un cadenas, dont je mis la clef dans ma poche.

Suddenly I felt that He was there, and joy, mad joy took possession of me. I got up softly, and I walked to the right and left for some time, so that He might not guess anything; then I took off my boots and put on my slippers carelessly; then I fastened the iron shutters and going back to the door quickly I double-locked it with a padlock, putting the key into my pocket.

Tout à coup, je compris qu'il s'agitait autour de moi, qu'il avait peur à son tour, qu'il m'ordonnait de lui ouvrir. Je faillis céder ; je ne cédai pas, mais m'adossant à la porte, je l'entrebâillai, tout juste assez pour passer, moi, à reculons ; et comme je suis très grand ma tête touchait au linteau. J'étais sûr qu'il n'avait pu s'échapper et je l'enfermai, tout seul, tout seul. Quelle joie ! Je le tenais ! Alors, je descendis, en courant ; je pris dans mon salon, sous ma chambre, mes deux lampes et je renversai toute l'huile sur le tapis, sur les meubles, partout ; puis j'y mis le feu, et je me sauvai, après avoir bien refermé, à double tour, la grande porte d'entrée. Et j'allai me cacher au fond de mon jardin, dans un massif de lauriers.

Comme ce fut long ! comme ce fut long ! Tout était noir, muet, immobile ; pas un souffle d'air, pas une étoile, des montagnes de nuages qu'on ne voyait point, mais qui pesaient sur mon âme si lourds, si lourds.

Suddenly I noticed that He was moving restlessly round me, that in his turn He was frightened and was ordering me to let Him out. I nearly yielded, though I did not quite, but putting my back to the door, I half opened it, just enough to allow me to go out backward, and as I am very tall, my head touched the lintel. I was sure that He had not been able to escape, and I shut Him up quite alone, quite alone. What happiness! I had Him fast. Then I ran downstairs into the drawing-room which was under my bedroom. I took the two lamps and poured all the oil on to the carpet, the furniture, everywhere; then I set fire to it and made my escape, after having carefully double locked the door.

I went and hid myself at the bottom of the garden, in a clump of laurel bushes. How long it was! how long it was! Everything was dark, silent, motionless, not a breath of air and not a star, but heavy banks of clouds which one could not see, but which weighed, oh! so heavily on my soul.

Je regardais ma maison, et j'attendais. Comme ce fut long ! Je croyais déjà que le feu s'était éteint tout seul, ou qu'il l'avait éteint, Lui, quand une des fenêtres d'en bas creva sous la poussée de l'incendie, et une flamme, une grande flamme rouge et jaune, longue, molle, caressante, monta le long du mur blanc et le baisa jusqu'au toit. Une lueur courut dans les arbres, dans les branches, dans les feuilles, et un frisson, un frisson de peur aussi. Les oiseaux se réveillaient ; un chien se mit à hurler ; il me sembla que le jour se levait !

Deux autres fenêtres éclatèrent aussitôt, et je vis que tout le bas de ma demeure n'était plus qu'un effrayant brasier. Mais un cri, un cri horrible, suraigu, déchirant, un cri de femme passa dans la nuit, et deux mansardes s'ouvrirent ! J'avais oublié mes domestiques ! Je vis leurs faces affolées, et leurs bras qui s'agitaient !...

I looked at my house and waited. How long it was! I already began to think that the fire had gone out of its own accord, or that He had extinguished it, when one of the lower windows gave way under the violence of the flames, and a long, soft, caressing sheet of red flame mounted up the white wall, and kissed it as high as the roof. The light fell on to the trees, the branches, and the leaves, and a shiver of fear pervaded them also! The birds awoke; a dog began to howl, and it seemed to me as if the day were breaking! Almost immediately two other windows flew into fragments, and I saw that the whole of the lower part of my house was nothing but a terrible furnace. But a cry, a horrible, shrill, heart-rending cry, a woman's cry, sounded through the night, and two garret windows were opened! I had forgotten the servants! I saw the terror-struck faces, and the frantic waving of their arms!

Alors, éperdu d'horreur, je me mis à courir vers le village en hurlant : « Au secours ! au secours ! au feu ! au feu ! » Je rencontrai des gens qui s'en venaient déjà et je retournai avec eux, pour voir.

Then, overwhelmed with horror, I ran off to the village, shouting: ``Help! help! fire! fire!'' Meeting some people who were already coming on to the scene, I went back with them to see!

La maison, maintenant, n'était plus qu'un bûcher horrible et magnifique, un bûcher monstrueux, éclairant toute la terre, un bûcher où brûlaient des hommes, et où il brûlait aussi, Lui, Lui, mon prisonnier, l'Être nouveau, le nouveau maître, le Horla !

By this time the house was nothing but a horrible and magnificent funeral pile, a monstrous pyre which lit up the whole country, a pyre where men were burning, and where He was burning also, He, He, my prisoner, that new Being, the new Master, the Horla!

Soudain le toit tout entier s'engloutit entre les murs et un volcan de flammes jaillit jusqu'au ciel.

Par toutes les fenêtres ouvertes sur la fournaise, je voyais la cuve de feu, et je pensais qu'il était là, dans ce four, mort...

« Mort ? Peut-être ?... Son corps ? son corps que le jour traversait n'était-il pas indestructible par les moyens qui tuent les nôtres ?

Suddenly the whole roof fell in between the walls, and a volcano of flames darted up to the sky. Through all the windows which opened on to that furnace, I saw the flames darting, and I reflected that He was there, in that kiln, dead.

Dead? Perhaps? His body? Was not his body, which was transparent, indestructible by such means as would kill ours?

« S'il n'était pas mort ?... seul peut-être le temps a prise sur l'Être Invisible et Redoutable. Pourquoi ce corps transparent, ce corps inconnaissable, ce corps d'Esprit, s'il devait craindre, lui aussi, les maux, les blessures, les infirmités, la destruction prématurée ?

If He were not dead? Perhaps time alone has power over that Invisible and Redoubtable Being. Why this transparent, unrecognizable body, this body belonging to a spirit, if it also had to fear ills, infirmities, and premature destruction?

« La destruction prématurée ? toute l'épouvante humaine vient d'elle ! Après l'homme, le Horla. —Après celui qui peut mourir tous les jours, à toutes les heures, à toutes les minutes, par tous les accidents, est venu celui qui ne doit mourir qu'à son jour, à son heure, à sa minute, parce qu'il a touché la limite de son existence !

« Non... non... sans aucun doute, sans aucun doute... il n'est pas mort... Alors... alors... il va donc falloir que je me tue, moi !... »

Premature destruction? All human terror springs from that! After man the Horla. After him who can die every day, at any hour, at any moment, by any accident, He came, He who was only to die at his own proper hour and minute, because He had touched the limits of his existence!

No -- no -- there is no doubt about it -- He is not dead. Then -- then -- I suppose I must kill myself!

Made in the USA
Middletown, DE
28 May 2016